着を図りました。

④展開の把握（要点の整理）　意味段落などをベースに、本文の内容や設定、主題を整理したものを用意しました。要点となる箇所を埋めていく空欄補充形式で、本文全体の構成や展開を把握することができます。

⑤内容の理解　客観問題と記述問題とをバランスよく用意し、本文読解にあたって、重要な点を押さえられるようにしました。

◇教科書の学習と関連づける

⑥帯　「漢字・語句・文法・句法」の上部に教科書の本文掲載ページ・行を示す帯、「内容の理解」の上部に意味段落などを示す帯を付け、教科書と照合しやすくしました。

⑦脚問・学習・活動　教科書の「脚問」「学習（活動）の手引き」と関連した問いの下部に、アイコンを付けました。

◆本書の特色

❶新傾向問題　「内容の理解」で、最近の入試傾向をふまえ、会話形式や条件付き記述などの問いを、適宜設定しました。

❷活動　教科書収録教材と、他の文章・資料とを読み比べる、特集ページを設けました。

❸ウェブコンテンツ　「日本文学編」の漢字や古文単語の設問を、ウェブ上で繰り返し取り組めるように、二次元コードを設置しました。

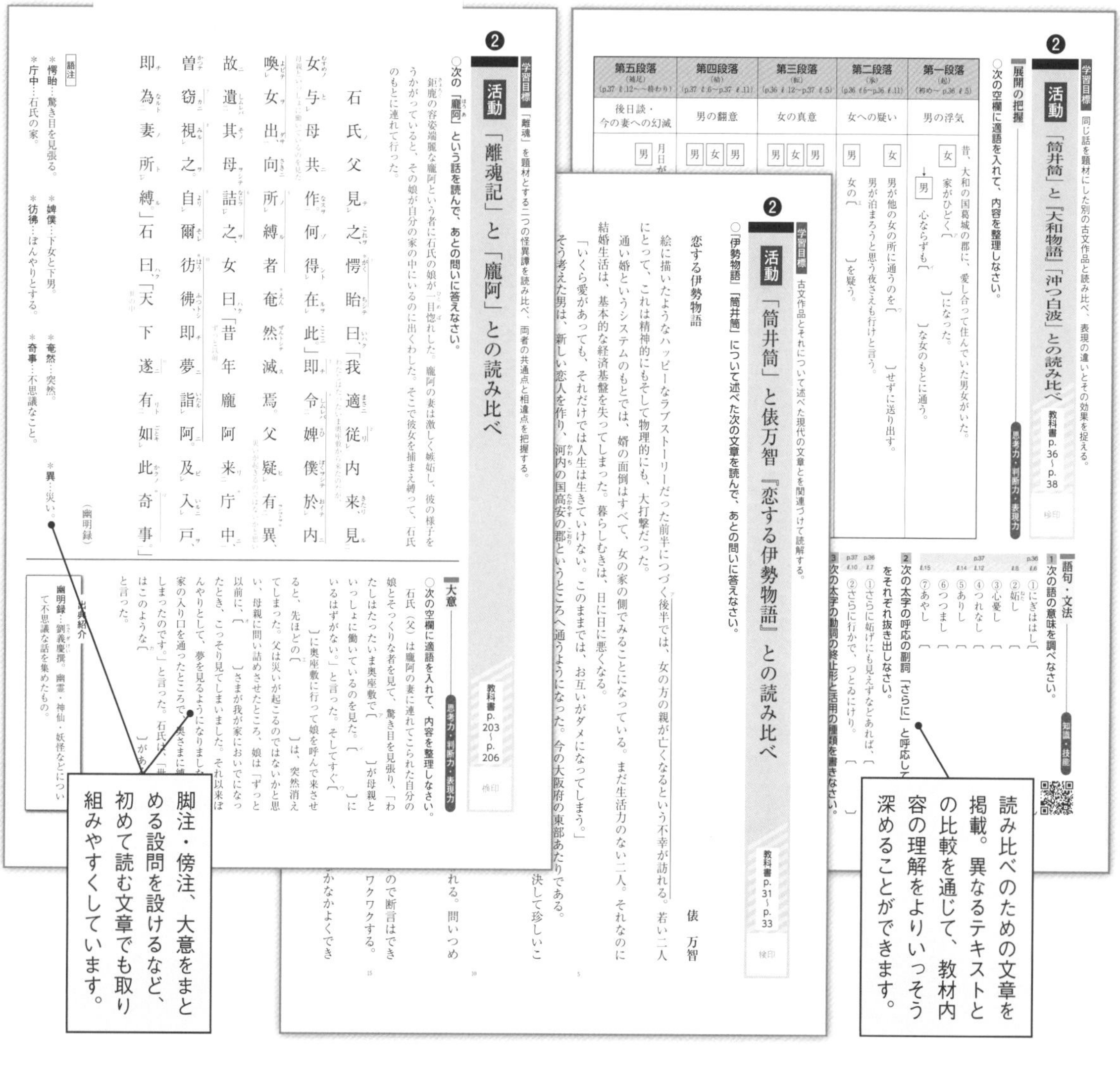
活動　「筒井筒」と『大和物語』「沖つ白波」との読み比べ
活動　「筒井筒」と俵万智『恋する伊勢物語』との読み比べ
活動　「離魂記」と「龐阿」との読み比べ
読み比べのための文章を掲載。異なるテキストとの比較を通じて、教材内容の理解をよりいっそう深めることができます。
脚注・傍注、大意をまとめる設問を設けるなど、初めて読む文章でも取り組みやすくしています。

目次

日本文学編

漢文学編

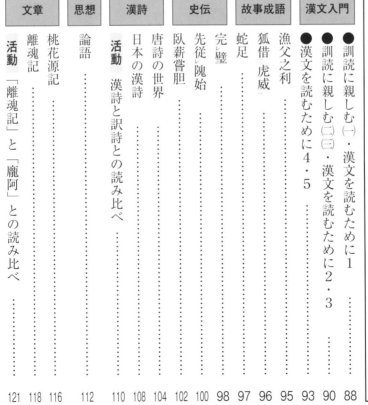

プラスウェブ

下にある二次元コードから、ウェブコンテンツの一覧画面に進むことができます。

https://dg-w.jp/b/5ae0001

学習目標　古文を読解するための基礎知識として、歴史的仮名遣い・活用・品詞の種類を習得する。

古文を読むために1・2

教科書 p.14～p.15・p.18～p.19

検印

基本練習　知識・技能

1 五十音図のワ行を、平仮名・歴史的仮名遣いで書きなさい。
［　］［　］［　］［　］［　］

2 次の歴史的仮名遣いで書かれた語を、現代仮名遣いで書きなさい。
①かむなづき（神無月）［　］　②まゐる（参る）［　］
③にほひ（匂ひ）［　］　④くわんぱく（関白）［　］
⑤はつはる（初春）［　］　⑥をみなへし（女郎花）［　］
⑦けふ（今日）［　］　⑧をうな（嫗）［　］
⑨あふぎ（扇）［　］　⑩をしう（惜しう）［　］

3 次の太字の語の意味を、辞書を引いて調べなさい。
(1) 現代語にないもの（古文特有の語）
いざ、**かいもちひ**せむ。（三・1　かいもちひ）［　］
(2) 現代語と意味の違うもの（古今異義語）
念じて寝たるほどに、（三・2　念ず）［　］

4 次の文章を口語訳するにあたって、空欄にどのような助詞や主部（主語）・目的部（目的語）を補うとよいか。文章の意味をよく考えてそれぞれ答えなさい。
○今は昔、竹取《たけとり》の翁《おきな》といふ者ありけり。野山にまじりて竹を取りつつ、よろづのことに使ひけり。（一〇・1）
訳 今はもう昔の話だが、竹取の翁という者［ア　］いた。［イ　］野山に分け入って竹を取っては、［ウ　］いろいろなことに使った。

留意点

●歴史的仮名遣いの読み方

❶「ゐ・ゑ・を」「ぢ・づ」は「イ・エ・オ」「ジ・ズ」と発音する。
・男《をとこ》→オトコ　・恥ぢたり→ハジタリ

❷語中や語尾の「は・ひ・ふ・へ・ほ」は「ワ・イ・ウ・エ・オ」と発音する。
・川《かは》→カワ　・あはれ→アワレ
ただし、語頭に「は・ひ・ふ・へ・ほ」を持つ語が、他の語の下について複合語となる場合を除く。
・月日《つきひ》→ツキヒ　・岩鼻《いははな》→イワハナ

❸「む」は「ン」と発音する場合があり、「くわ・ぐわ」は「カ・ガ」と発音する。
・咲きなむ→サキナン　・管弦《くわんげん》→カンゲン

❹長音で発音する場合は次のようになる。
(1)「あう・あふ」がオーとなる
・奥羽《あうう》→オーウ　・逢坂山《あふさかやま》→オーサカヤマ
(2)「いう・いふ」がユーとなる
・優《いう》なり→ユーナリ　・言ふ→ユー
(3)「えう・えふ」がヨーとなる
・要《えう》ず→ヨーズ　・蝶《てふ》→チョー
(4)「おう・おふ」がオーとなる
・応《おう》ず→オーズ　・思《おも》ふ→オモー

5 **次の文は『徒然草』の一節で、「ものの道理や情趣を理解しないと思われる者でも、ときにはよい一言を言うものだ。」という意味である。傍線部①〜⑤の品詞名を書きなさい。**

○心なしと見ゆる者も、よきひとこと言ふものなり。

①〔　　〕②〔　　〕③〔　　〕④〔　　〕⑤〔　　〕

6 **活用する語に、打消の助動詞「ず」をつけると未然形になり、助詞「て」をつけると連用形になる。また、名詞「時」をつけると連体形になり、助詞「ども」をつけると已然《いぜん》形になる。次の語を、空欄に合う形にそれぞれ活用させなさい。**

①吹く〔　　〕ず〔　　〕て〔　　〕時〔　　〕ども

②着る〔　　〕ず〔　　〕て〔　　〕時〔　　〕ども

③起く〔　　〕ず〔　　〕て〔　　〕時〔　　〕ども

④死ぬ〔　　〕ず〔　　〕て〔　　〕時〔　　〕ども

7 **口語文法で仮定条件を表す仮定形の位置に、文語文法で仮定条件を表すときには未然形、確定条件を表すときには已然形がくる。次の太字の意味を、あとのア〜エの中からそれぞれ選びなさい。**

①東の風**吹かば**、花も咲かむ。〔　　〕

②今日は北の風**吹けば**、船を出ださず。〔　　〕

ア　吹くと　イ　吹くので　ウ　吹いたら　エ　吹いても

8 **文中に助詞「ぞ」「なむ」「や」「か」があるときには文末の活用語は連体形で結び、「こそ」があるときには已然形で結ぶ。この法則を「係り結びの法則」という。次の文の中から、「ぞ」の結びとなる連体形の語と、「こそ」の結びとなる已然形の語をそれぞれ抜き出しなさい。**

①空には、黒き雲**ぞ**はやく流るる。〔ぞ　→　　〕

②今宵《こよひ》の月**こそ**おもしろく見ゆれ。〔こそ　→　　〕

●文節・単語

心なしと　見ゆる　者も、　よき　ひとこと　言ふ　ものなり。

このように、文を、音読して不自然にならず、また意味もわかりにくくならないように小さく区切った単位を、**文節**という。文節をさらに分けると、

心なし　と　見ゆる　者　も、　よき　ひとこと　言ふ　もの　なり。

となる。文節を作っている、意味を持った一つ一つの言葉を、**単語**という。

●活用

単語の中には「者」「も」のように語形が変わらない語と、「見えず」「見ゆ」「見ゆる者」「見ゆれど」のように語形の変わる語とがある。語形が変わることを**活用**といい、未然形・連用形・終止形・連体形・已然形・命令形の六種の活用形がある。

●品詞の種類

「心なし」「見ゆる」「者」「よき」「ひとこと」「言ふ」「もの」のように単独で文節となりうる単語を**自立語**といい、「と」「も」「なり」のように単独では一つの文節とならない単語を**付属語**という。自立語には動詞・形容詞・形容動詞・名詞・副詞・連体詞・接続詞・感動詞があり、付属語には助動詞・助詞がある。

この十種類の品詞は口語文法と同じである。

学習目標　児の心の動きを読み取り、この話のおもしろさを捉える。

児のそら寝

教科書 p.12〜p.13

検印

展開の把握　思考力・判断力・表現力

○次の空欄に適語を入れて、内容を整理しなさい。

	第一段落（初め〜 p.12 ℓ.5）	第二段落（p.12 ℓ.6〜終わり）
構成	児の分別①（発端）	児の分別②（展開）／見込み違い（最高潮）／無邪気さ（結末）
僧たちの言動	・宵の所在なさに、「［ア　　］を作ろう。」と言う。 ↓ ・作り上げて、騒ぎ合っている。	・「もしもし。起きなさい。」 ↓ ・「これ、お起こし申し上げるな。」 ↓ ・むしゃむしゃと食べる［キ　　］がする。 ↓ ・大笑いする。
児の動作と心情	・僧たちの話を、期待して聞く。 （食べさせてもらえるかも！） ◎寝ないで待つのは［イ　　］だろうから、［ウ　　］をして待つ。 ・きっと［エ　　］くれるだろう。	（［オ　　］。けれど……） ◎［カ　　］と思われると困るから、もう一声呼ばれたら起きよう。 （ああ、つらい。当てが外れた……！） ・［ク　　］起こしてほしい…… （ああもう、どうしようもない！） ・だいぶたってから、「［ケ　　］。」

語句・文法　知識・技能

1 次の語句を現代仮名遣いで書きなさい。　学習一

① 待ちゐたるに（p.12 ℓ.6）［　　］
② さぶらはむ（ℓ.7）［　　］
③ おどろかせたまへ［　　］
④ をさなき人（p.13 ℓ.2）［　　］
⑤ 食ひに食ふ音（ℓ.4）［　　］

2 次の語の意味を調べなさい。　学習一

① つれづれ（p.12 ℓ.1）［　　］
② わろし（ℓ.3）［　　］
③ さだめて（ℓ.6）［　　］
④ おどろく（ℓ.7）［　　］
⑤ いらふ（p.13 ℓ.1）［　　］
⑥ 念ず（ℓ.2）［　　］
⑦ わびし（ℓ.3）［　　］
⑧ ずちなし（ℓ.5）［　　］
⑨ 無期［　　］

3 次の太字の感動詞は、あとのア〜エのいずれにあたるか。それぞれ選びなさい。

① **いざ**、かいもちひせむ。（p.12 ℓ.1）［　　］
② **や**、な起こしたてまつりそ。（p.13 ℓ.2）［　　］
③ **あな**、わびしと思ひて、（ℓ.3）［　　］
④ 「**えい。**」といらへたりければ、（ℓ.5）［　　］

ア　応答の語　　イ　強い感動から発する語
ウ　呼びかけるときに発する語
エ　人を誘うときに発する語

内容の理解

思考力・判断力・表現力

全体

1 次の①～⑤の「思」う人は、(ア)「児」、(イ)「僧たち」のどちらか。それぞれ記号で答えなさい。

①わろかりなむと思ひて、(三・3)
②うれしとは思へども、(三・7)
③待ちけるかともぞ思ふとて、(≡・1)
④あな、わびしと思ひて、(≡・3)
⑤思ひ寝に聞けば、(≡・4)

2 「寝《ぬ》」という語は、(ア)眠る意味の場合と、(イ)横になっている意味の場合とがある。次の①～⑤の「寝」は、(ア)・(イ)のどちらか。それぞれ記号で答えなさい。

①し出だすを待ちて寝ざらむも、(三・3)
②寝たるよしにて、(三・4)
③念じて寝たるほどに、(≡・2)
④寝入りたまひにけり(≡・3)
⑤思ひ寝に聞けば、(≡・4)

第一段落

3 次の①・②の傍線部の語の下に、口語訳する場合どのような助詞を補ったらよいか。該当する助詞をそれぞれ答えなさい。

①児ありけり。(三・1)
②かいもちひせむ。(三・2)

4 「いざ、かいもちひせむ。」(三・1)とあるが、これは、「僧たち」が誰に対して言った言葉か。

5 「寝たるよしにて、」(三・4)とあるが、「児」がそうしたのはなぜか。その理由として「児」が心の中に思っている箇所を、本文中から二十二字以内で抜き出しなさい。

第一段落

6 「念じて寝たる」(≡・2)とあるが、「児」がそうしたのはなぜか。その理由として「児」が心の中に思っている箇所を、本文中から二十二字以内で抜き出しなさい。

第二段落

7 「えい。」(≡・5)という言葉は、どの言葉に対する返事か。該当する言葉を抜き出し、初めの八字で答えなさい。

8 「僧たち笑ふこと限りなし。」(≡・6)とあるが、「僧たち」が笑ったのはなぜか。その理由を二十字以内で簡潔に答えなさい。

学習二

全体

9 「児」の心は何に反応して一喜一憂しているか。本文中の一語（漢字一字）で、二つ答えなさい。

10 新傾向 この話のおもしろさを最もよく表している表現を、次から選びなさい。

ア 棚《たな》からぼたもち　イ 果報は寝て待て
ウ 背に腹は替えられぬ　エ 腹が減っては戦はできぬ

学習目標　良秀の言動から、良秀がどのような人物として描かれているかを読み取る。

絵仏師良秀

教科書p.16～p.17

検印

展開の把握

思考力・判断力・表現力

○次の空欄に適語を入れて、内容を整理しなさい。

第一段落（発端）	第二段落（展開）	第二段落（最高潮）	第三段落（結末）
主人公の紹介・事件勃発《ほっぱつ》 （初め～ p.16 ℓ.4）	炎の観察に没頭 （p.16 ℓ.5～p.16 ℓ.8）	火炎を描く筆法の会得 （p.16 ℓ.8～p.17 ℓ.6）	一代の傑作の誕生 （p.17 ℓ.7～終わり）
昔、良秀という絵仏師がいた。あるとき、隣の家から〔ア　〕〔　〕が出た。 良秀・逃げ出して〔イ　〕〔　〕に出た。 ・注文を受けた〔ウ　〕〔　〕や〔エ　〕〔　〕を家の中に残し、自分だけ逃げて道の向かい側に立った。	良秀・自分の家に火が移り、煙や〔オ　〕〔　〕をずっと眺める。 ・人々が〔カ　〕〔　〕にやって来たが、慌てる様子もない。 人々 → 良秀 人々〔キ　〕〔　〕に思って問う。 良秀・家が焼けるのを見て、〔ク　〕〔　〕ては、時折〔ケ　〕〔　〕ていた。	良秀・「たいへんな〔コ　〕〔　〕をした。」 人々 → 良秀 人々　怪しげな〔サ　〕〔　〕がとりついたのかと問う。 良秀・「長い間不動尊の〔シ　〕〔　〕を下手に描いたものだ。今このように〔ス　〕〔　〕ものだとわかった。〔セ　〕〔　〕さえ立派に描けば、百や千の家を建てることもできる。」と言って、笑って立っていた。	のちに良秀の描いた絵を〔ソ　〕〔　〕といい、現在に至るまで、人々が〔タ　〕〔　〕している。

語句・文法

知識・技能

1 次の太字の語の読みを、現代仮名遣いで書きなさい。

- p.16 ℓ.1 ①良秀と**いふ**ありけり。〔　〕
- ℓ.2 ②風おし**おほひ**てせめければ、〔　〕
- ℓ.8 ③しつる**せうと**くかな。〔　〕
- p.17 ℓ.1 ④**なんでふ**もののつくべきぞ。〔　〕

2 次の語の意味を調べなさい。

- p.16 ℓ.3 ①おはす〔　〕
- ℓ.4 ②つら〔　〕
- ℓ.6 ③あさまし〔　〕
- ℓ.7 ④とぶらふ〔　〕
- p.17 ℓ.7 ⑤めづ〔　〕

3 次の太字の語の品詞を、あとのア～クからそれぞれ選びなさい。

- p.16 ℓ.5 ①**すでに**わが家に移りて、〔　〕
- ℓ.6 ②「**あさましき**こと。」とて、〔　〕
- ℓ.8 ③**あはれ**、しつるせうとくかな。〔　〕
- p.17 ℓ.5 ④**させる**能もおはせねば、〔　〕

ア　動詞　イ　形容詞　ウ　形容動詞
エ　名詞　オ　副詞　カ　連体詞
キ　接続詞　ク　感動詞

4 次の太字の「こそ」の結びの語を、それぞれ抜き出しなさい。

- p.17 ℓ.3 ①かう**こそ**燃えけれと、〔　〕
- ℓ.5 ②わたうたち**こそ**、させる能もおはせねば、ものをも惜しみたまへ。〔　〕

内容の理解

思考力・判断力・表現力

第一段落

1「ただ逃げ出でたるをことにして、」（六・4）とあるが、その心境はどのようなものか。次から選びなさい。▼学習二

ア 自分だけが慌てて逃げ出したことを恥じている。
イ 妻子を見捨てて一人逃げ出したことを後悔している。
ウ 自分だけが逃げ出せたことにもっぱら満足している。
エ 大切な仏画を忘れて逃げ出したことを悩んでいる。 〔　　〕

第二段落

2「向かひのつらに立ちて、眺めければ、」（六・6）とあるが、この話の結末から考えて、良秀が「眺め」ているものは、何か。本文中の語句を抜き出して答えなさい。

〔　　　　〕

3「うちうなづきて、」（六・8）とあるが、このような動作をした理由を説明した箇所として適当なものを、次から選びなさい。▼学習二

ア なんでふもののつくべきぞ。
イ かうこそ燃えけれと、心得つるなり。
ウ この道を立てて世にあらむには、
エ 仏だによく描きたてまつらば、百千の家も出で来なむ。 〔　　〕

4「あはれ」（六・8）とは、どのような感情の表れか。次から選びなさい。

ア 「ああ」という感動表現　イ 「気の毒だ」という同情表現
ウ 「つらい」という悲惨表現　エ 「いとしい」という情愛表現 〔　　〕

5 次の傍線部の意味として適当なものを、あとのア～カの中からそれぞれ選びなさい。

①「あさましきこと。」とて、人ども来とぶらひけれど、（六・6）
②「あさましきことかな。もののつきたまへるか。」（六・10）

ア かわいそうなこと　イ 危ういこと　ウ あきれたこと
エ 思いがけないこと　オ 大変なこと　カ いやしいこと

第二段落

6「これ」（七・3）の具体的説明として適当なものを、次から選びなさい。 ①〔　　〕 ②〔　　〕

ア 今まで描いてきた絵と違って、実際の炎の燃え方がわかったこと。
イ 今まで理想としてきた絵は架空のものでしかなかったこと。
ウ 今まで描いてきた絵が本当の火事と相違しないとわかったこと。
エ 今まで描いてきた絵と本当の火事とは違っていたこと。 〔　　〕

7「この道を立てて世にあらむには、」（七・3）とあるが、「この道」とは何の道か。本文中から三字で抜き出しなさい。

8「わたうたちこそ、」（七・5）とあるが、「わたうたち」にあたるのは何か。本文中から十一字で抜き出しなさい。

9「時々笑ひけり。」（六・8）、「あざ笑ひてこそ」（七・6）とあるが、次の一文はその「笑ひ」について解説したものである。空欄にそれぞれ二字の心情語を補って、一文を完成させなさい。▼学習二

前者は〔　①　〕の笑いであり、後者は〔　②　〕の笑いである。

①
②

全体

10 新傾向 次は、ある生徒が本文を読んで作ったメモの一部である。空欄にあてはまる語句を、あとのア～カの中からそれぞれ選びなさい。

・良秀の人物像の特徴……〔　①　〕。
・最後の一文……良秀を〔　②　〕的に捉えている。

ア 快楽の追求　イ 芸術への執念　ウ 強い金銭欲
エ 肯定　オ 否定　カ 皮相

①〔　　〕 ②〔　　〕

なよ竹のかぐや姫

学習目標 物語における表現の特色を理解し、かぐや姫の成長の様子を読み取る。

教科書p.20～p.21

検印

展開の把握　思考力・判断力・表現力

○次の空欄に適語を入れて、内容を整理しなさい。

第一段落 (初め～p.20 ℓ.7)	第二段落 (p.20 ℓ.8～p.20 ℓ.10)	第三段落 (p.20 ℓ.11～p.21 ℓ.4)	第四段落 (p.21 ℓ.5～終わり)
かぐや姫の発見	翁の幸運	かぐや姫の成長	かぐや姫の命名
昔、竹取の翁という者がいた。 名前＝〔ア　　〕 竹の筒の中に〔イ　　〕ほどの女の子がいるのを発見→家に持ち帰る。 (理由)自分に授けられたと判断したから。 妻の〔ウ　　〕に預けて、〔エ　　〕に入れて大切に育てた。	翁　かぐや姫を見つけたあとでは、〔オ　　〕のつまった竹を見つけ続ける。 ← 次第に〔カ　　〕になる。	この子　〔キ　　〕たつと一人前の大きさになる。 ↓〔ク　　〕の儀式(髪上げ・裳着) 容姿＝〔ケ　　〕こと限りない。 家の中＝〔コ　　〕が満ち足りている。 翁　この子を見ると、苦しい気持ち→おさまる。 腹立たしいこと→慰められる。	翁　黄金の入った竹を取り続ける。→勢力のある〔サ　　〕となる。 「三室戸斎部の秋田」に、この子の名前をつけさせる。 名前＝なよ竹の〔シ　　〕

語句・文法　知識・技能

1 次の語の意味を調べなさい。

p.20 ℓ.4 ①うつくし〔　　〕

ℓ.5 ②おはす〔　　〕

ℓ.9 ③やうやう〔　　〕

p.21 ℓ.2 ④かたち〔　　〕

2 次の文を単語ごとに分けて書き、それぞれの品詞をその下に書きなさい。

例　今(名詞)・は(助詞)

p.20 ℓ.9 ①かくて、翁やうやう豊かになりゆく。

〔　　　　〕

p.21 ℓ.4 ②腹立たしきことも慰みけり。

〔　　　　〕

3 次の太字の動詞の終止形と活用の種類を書きなさい。

p.20 ℓ.4 ①**ゐ**たり。〔　　・　　活用〕

ℓ.6 ②持ちて**来**ぬ。〔　　・　　活用〕

ℓ.8 ③**見つけ**て〔　　・　　活用〕

ℓ.9 ④黄金**ある**竹〔　　・　　活用〕

⑤**重なり**ぬ。〔　　・　　活用〕

p.21 ℓ.3 ⑥光**満ち**たり〔　　・　　活用〕

内容の理解

思考力・判断力・表現力

第一段落

1 「おはする」「たまふ」（三〇・5）は尊敬語である。「翁」が尊敬語を用いたのはなぜだと思うか。次から選びなさい。　▼学習二

ア　たいへん美しい人だったから。
イ　神仏からの授かりものと思ったから。
ウ　身分の高い子だと思ったから。
エ　自分を金持ちにしてくれる人だと思ったから。

〔　　〕

2 「翁」が見つけたとき、女の子はどのような子供だったか。あてはまらないものを次から一つ選びなさい。　▼学習一

ア　竹の筒の中で光っていた人　　イ　翁の気持ちを和ませてくれる人
ウ　三寸ほどの大きさの人　　エ　大変かわいらしい人

〔　　〕

3 「手にうち入れて、」（三〇・6）とあるが、この「翁」の動作にはどのような気持ちが込められているか。次から選びなさい。　▼学習二

ア　大事なものをいとおしむ気持ち。
イ　不思議なものに恐れおののく気持ち。
ウ　珍しいものを得て心はずむ気持ち。
エ　ありふれていて気にもとめない気持ち。

〔　　〕

第二段落

4 「竹取の翁、竹を取るに、……やうやう豊かになりゆく。」（三〇・8〜10）には、「語る」ときの口調をとどめたこの物語の文体の特色が見られる。それはどの表現か。次から選びなさい。

ア　竹取るに、　　イ　節を隔ててよごとに
ウ　竹を見つくること重なりぬ。　　エ　やうやう豊かになりゆく。

〔　　〕

第三段落

5 かぐや姫は見つかってからどれほどの期間で成人の儀式をするまでに成長したか。本文中から五字で抜き出しなさい。　▼学習一

第三段落

6 成人したかぐや姫が、地上の人と異なっている点を、次の言葉に続くように現代語でそれぞれ書きなさい。　▼学習一

①容姿が〔　　〕。
②かぐや姫がいる室内は〔　　〕。
③翁は気分が悪いときでも、〔　　〕。

第四段落

7 「いと大きになりぬれば、」（三一・5）とあるが、これは前のどの表現と対応しているか。十五字以内で抜き出しなさい。

8 かぐや姫の容姿についての評価としてどのような語が用いられているか。第一段落と第三段落からそれぞれ一語を抜き出し、終止形で答えなさい。

第一段落〔　　〕　　第三段落〔　　〕

全体

9 新傾向　この文章の前半の文末表現には①「けり」「ける」が統一して使われ、後半では②翁が登場して具体的行動に入ると、現在形、あるいは「つ・ぬ・たり」が用いられている。①・②それぞれの表現の効果の説明にあたるものを、次から選びなさい。

ア　過去の事柄を眼前の事実のように生き生きと描き出す。
イ　過去と現在をとりまぜることにより、伝奇的世界を作り出す。
ウ　テンポを速くすることによって過去から現在の移り変わりを表す。
エ　伝承された物語であることを表す。
オ　過去にあった事実を詠嘆をこめて表す。

①〔　　〕　②〔　　〕

学習目標 和歌に込められた心情を読み取り、話の中で和歌が果たしている役割を捉える。

伊勢物語（芥川）

教科書p.26～p.27

検印

展開の把握

思考力・判断力・表現力

○次の空欄に適語を入れて、内容を整理しなさい。

段落	内容	人物	展開
第一段落（発端）（初め～ p.26 ℓ.2）	女を盗んで逃走	男 ⇔ とても手に入れることができそうにない〔ア　　〕な女	昔　長年求婚し続ける→やっとのことで盗み出す。とても〔イ　　〕夜道を逃げて来た。
第二段落（展開①）（p.26 ℓ.2～ p.26 ℓ.3）	女の問いかけ	男　女	〔ウ　　〕という河のほとり　草の上に降りていた〔エ　　〕を見て、「あれは何か。」と尋ねた。答えず、先を急ぐ。
第三段落（展開②）（p.26 ℓ.3～p.26 ℓ.6）	荒れた蔵での夜明かし	男	前途は遠く、夜も更ける。〔オ　　〕までもひどく鳴り、〔カ　　〕も激しく降る。荒廃した〔キ　　〕の奥に女を入れる。弓や胡籙を背負って〔ク　　〕で番をする。
第四段落（最高潮）（p.26 ℓ.6～p.26 ℓ.8）	鬼の出現	男　女	〔ケ　　〕に一口に食われてしまった。〔コ　　〕の音で女の悲鳴を聞きつけることができなかった。
第五段落（結末）（p.26 ℓ.8～終わり）	男の後悔と詠歌	男	〔サ　　〕が明けた。女の姿がないのに気がつく。→〔シ　　〕を踏んで悔しがる。→どうにもならず、悲しみのあまりに歌をよんだ。

語句・文法

知識・技能

1 次の語の意味を調べなさい。

p.26
- ℓ.1 ①よばふ〔　　〕
- ℓ.4 ②神〔　　〕
- ℓ.5 ③いたし〔　　〕
- ④あばらなり〔　　〕
- ℓ.9 ⑤かひなし〔　　〕

2 次の太字の動詞の終止形を、平仮名で書きなさい。

p.26
- ℓ.1 ①女のえ**得**まじかりけるを、〔　　〕
- ②年を**経**てよばひわたり〔　　〕
- ℓ.2 ③**率**て行きければ、〔　　〕
- ℓ.8 ④率て**来**し女もなし。〔　　〕
- ℓ.10 ⑤**消え**なましものを〔　　〕

3 次の太字の呼応の副詞「え」と呼応している助動詞をそれぞれ抜き出しなさい。

p.26
- ℓ.1 ①女の**え**得まじかりけるを、〔　　〕
- ℓ.7 ②**え**聞かざりけり。〔　　〕

4 次の太字の格助詞「の」は、あとのア～エのいずれにあたるか。それぞれ選びなさい。

p.26
- ℓ.1 ①女**の**え得まじかりけるを、〔　　〕
- ℓ.3 ②草**の**上に置きたりける露を、〔　　〕
- ℓ.10 ③白玉か何ぞと人**の**問ひしとき〔　　〕

ア　主格「ガ」を表す。
イ　連体修飾格「ノ」を表す。
ウ　同格「デ」を表す。
エ　連用修飾格「ノヨウニ」を表す。

内容の理解

第一段落

1 「からうじて盗み出でて、」(三六・2)とは、ここではどうすることか。「盗み」に注意して、具体的に二十五字以内で説明しなさい。 思考力・判断力・表現力

第二段落

2 「草の上に置きたりける露を、『かれは何ぞ。』となむ男に問ひける。」(三六・3)について、次の問いに答えなさい。

(1) この問答の実際を想定した場合、どのような問答になるか。次から選びなさい。

ア (女)あの草の上の白いものは何?(男)あれは鬼の目さ。
イ (女)あの草の上の光る玉は、露ですか?(男)はい、そうです。
ウ (女)怖い、あの草の中! 鬼の目?(男)……(無言)
エ (女)なに、あれ、真珠かしら?(男)……(無言) 〔　〕

(2) 男がそのように対応したのはなぜか。その理由を、次から選びなさい。

ア ひたすら先を急いでいたから。
イ まだ自分の名前を明かす時期ではないと思ったから。
ウ 女を怖がらせて逃がすまいと思ったから。
エ 何を答えてもわかるまいと思ったから。 〔　〕

第四段落

3 「鬼、はや一口に食ひてけり。」(三六・6)とあるが、いつのことか。次から選びなさい。

ア 蔵に入れた直後。
イ 「はや夜も明けなむ。」と思っていたとき。
ウ 夜が明け始めたころ。
エ 夜が明けたあと。 〔　〕

4 「足ずりをして」(三六・8)とあるが、「足ずり」をして泣いた男の心情に最も近いものを、次から選びなさい。

ア 切歯扼腕《せっしやくわん》 イ 半信半疑
ウ 疑心暗鬼 エ 自暴自棄 〔　〕

第五段落

5 「白玉か……」(三六・10)の歌について、次の問いに答えなさい。 ▼学習二

(1) 「消えなましものを」のあとに、男の気持ちを二十字以内の口語で補いなさい。

(2) この男の心情と関係が深いと思われるものを、次から選びなさい。

ア いと暗きに来けり。
イ 鬼ある所とも知らで、
ウ 鬼、はや一口に食ひてけり。
エ 神鳴るさわぎ 〔　〕

(3) この歌の修辞技法について解説した次の文の空欄①・②に該当する言葉を、あとのア～クの中からそれぞれ選びなさい。

「消え」は「〔 ① 〕」の〔 ② 〕として用いられている。

ア 白玉 イ 人 ウ 問ひ エ 露 オ 枕詞
カ 序詞 キ 掛詞 ク 縁語 ①〔　〕 ②〔　〕

全体

6 この文章を読むと、女は深窓に育った姫君と思われる。そのことを最もよく表している箇所を、本文中から三十字以内で抜き出しなさい。(句読点・記号も一字とする) ▼学習一

7 この文章の季節は直接表現されていないが、和歌的景物としての「露」から考えると、いつごろか。次から選びなさい。

ア 初春 イ 初夏 ウ 初秋 エ 初冬 〔　〕

学習目標 和歌に込められた心情を読み取り、話の中で和歌が果たしている役割を捉える。

伊勢物語（東下り）

教科書 p.28〜p.30

検印

展開の把握

思考力・判断力・表現力 ▼学習一

○次の空欄に適語を入れて、内容を整理しなさい。

第一段落（初め〜 p.28 ℓ.3）	第二段落（p.28 ℓ.4〜p.28 ℓ.10）	第三段落（p.28 ℓ.11〜p.29 ℓ.1）	第四段落（p.29 ℓ.2〜p.29 ℓ.5）	第五段落（p.29 ℓ.6〜終わり）
男、旅立つ	「唐衣」の歌をよむ	「駿河なる」の歌をよむ	「時知らぬ」の歌をよむ	「名にし負はば」の歌をよむ
昔、男が〔ア　〕を捨てて、東国のほうに住むのによい国を求めて、友達一人二人と出かけた。	三河の国〔イ　〕で、〔ウ　〕を見て歌をよむ、→都に残してきた〔エ　〕をしのぶ。	駿河の国の〔オ　〕の山で、顔見知りの〔カ　〕に出会う。→都の〔キ　〕のもとへ歌をことづけた。	〔ク　〕を見て、歌をよむ。五月下旬の夏だというのに、真っ白に雪を頂いている。〔ケ　〕を二十ほど積み上げたほどの高さで、〔コ　〕のような形の山であった。	武蔵と下総の国との間にある〔サ　〕のほとりで、都から限りなく遠くに来たことだと悲しむ。舟で川を渡るとき、〔シ　〕を見る。→その名の懐かしさのため、望郷の思いに駆られ、〔ス　〕への慕情を歌によむ。

語句・文法

知識・技能

1 次の語の意味を調べなさい。

- p.28 ℓ.6 ①おもしろし〔　〕
- ℓ.10 ②みな人〔　〕
- ℓ.12 ③すずろなり〔　〕
- p.29 ℓ.2 ④つごもり〔　〕
- p.30 ℓ.1 ⑤わびし〔　〕

2 次の太字の「し」は、あとのア〜エのいずれにあたるか。それぞれ選びなさい。

- p.28 ℓ.1 ①えうなきものに思ひな**し**て、〔　〕
- ℓ.2 ②ひとりふたり**し**て行きけり。〔　〕
- ℓ.9 ③唐衣きつつなれにしつま**し**あれば〔　〕
- ℓ.14 ④見**し**人なりけり。〔　〕

ア　格助詞「して」の一部
イ　強意の副助詞
ウ　サ行四段活用動詞の連用形活用語尾
エ　過去の助動詞「き」の連体形

3 次の太字の助動詞の意味をあとのア〜ケからそれぞれ選び、活用形を書きなさい。

- p.28 ℓ.1 ①京にはあら**じ**、〔　・　〕
- ℓ.2 ②住む**べき**国求めに〔　・　〕
- p.29 ℓ.1 ③あはぬ**なり**けり〔　・　〕
- ℓ.4 ④重ね上げたら**む**ほど〔　・　〕
- p.30 ℓ.6 ⑤いざこと問は**む**〔　・　〕

ア　推量　イ　当然　ウ　断定
エ　意志　オ　婉曲　カ　適当
キ　伝聞　ク　打消推量　ケ　打消意志

内容の理解

思考力・判断力・表現力

第一段落

1「東の方に住むべき国求めにとて行きけり。」（二八・2）とあるが、このときの男の心情として適当なものを、次から選びなさい。

ア　新天地を開拓するのだという意気に燃えている。
イ　失意のうちにあてのない旅に出ることを悲しんでいる。
ウ　未知の東国の風物に期待して楽しみにしている。
エ　東国へ追いやられることに腹を立てている。

〔　〕

第二段落

2「唐衣きつつ……」（二八・9）の歌は、何を主題にしてよんだ歌か。その主題にあたる言葉を、本文中から抜き出しなさい。

〔　〕

第三段落

3「うつつにも夢にも人にあはぬなりけり」（二九・1）のあとに、どのような言葉を補うと、男の気持ちがよくわかるか。次から選びなさい。

ア　都を遠く離れた場所で、思いがけなく懐かしい人に会いましたよ。
イ　現実には夢の中でしかあなたにお目にかかれないのは残念です。
ウ　あなたは私のことなど思っていてはくださらないのでしょうか。
エ　あなたに都と違ったこの景色を見せたいものです。

〔　〕

第四段落

4「時知らぬ」（二九・3）とあるが、その理由を十五字以内で答えなさい。

5「ここ」（二九・4）とはどこをさしているか、次から選びなさい。▼脚問2

ア　富士の山　イ　比叡の山　ウ　宇津　エ　京　〔　〕

第五段落

6「これなむ都鳥。」（三〇・4）とあるが、船頭が強意の係助詞「なむ」を用いたのは、どのような気持ちからか。次から選びなさい。

ア　都の人なのに都鳥も知らないのか、という気持ち。
イ　懐かしい都のことを思い起こさせ、慰めようとする気持ち。
ウ　これぞ郷土を代表する鳥だと自慢する気持ち。
エ　都のことは都鳥に聞けと教え諭そうとする気持ち。

〔　〕

第五段落

7「①名にし負はば　②いざこと問はむ　③都鳥　④わが思ふ人は　⑤ありやなしやと」（三〇・6）の歌は倒置になっている。普通の順序に書き改めるとどうなるか。数字で示しなさい。

〔　〕→〔　〕→〔　〕→〔　〕→〔　〕

全体

8 新傾向　次の会話文を読んで、あとの問いに答えなさい。

生徒A：この文章は、都にいても仕方がないと考えた男が、東国へ下っていく道中を描いているね。
生徒B：そうだね。訪れた先々でよまれた四首の和歌は、その土地その土地での男の思いを表現する役割をしているね。
生徒C：「〔　①　〕」の歌からは、あまり作者の思いは感じ取れないのだけれど……。
生徒B：そんなことはないよ。地の文に、旅先で見聞きしたものを故郷の〔　②　〕と大きさを比較している箇所がある。だからほかの三首と同様に、男の〔　③　〕が感じられるよ。

(1)空欄①にあてはまる和歌の初句を、本文中から抜き出しなさい。

〔　〕

(2)空欄②にあてはまる言葉を、本文中から五字以内で抜き出しなさい。

(3)空欄③にあてはまる四つの和歌に共通する主人公の思いを、二十字以内で書きなさい。▼学習二

伊勢物語（筒井筒）

学習目標 和歌に込められた心情を読み取り、話の中で和歌が果たしている役割を捉える。

教科書p.31〜p.33

検印

展開の把握　思考力・判断力・表現力

○次の空欄に漢字二字の適語を入れて、内容を整理しなさい。

前半		後半		
第一段落（起）（初め〜p.31 ℓ.7）	**第二段落**（承）（p.31 ℓ.7〜p.31 ℓ.12）	**第三段落**（転）（p.31 ℓ.13〜p.32 ℓ.1）	**第四段落**（結）（p.32 ℓ.1〜p.32 ℓ.6）	**第五段落**（補足）（p.32 ℓ.7〜終わり）
幼なじみの恋	愛の告白と結婚	結婚生活	夫婦愛の回復	河内の女との結末
昔、田舎暮らしの少年と少女が〔ア　〕の周りで遊んでいた、 ・〔イ　〕して愛し合うようになる。 ↓親が持ちこむ〔ウ　〕にも耳を貸さない。	・〔エ　〕に託して互いの気持ちを確かめ合う。 ← とうとうかねての望みどおりに〔オ　〕する。	何年かたち、女の親が亡くなる。 ・〔カ　〕的に苦しくなる。 ↓男は〔キ　〕の女の所へ通うようになる。	男　女（妻）を疑う。←不快に思うそぶりもなく自分を送り出すから。 女（妻）　男の〔ク　〕の間にも身づくろいをする。 男の身を〔ケ　〕して歌をよむ。 男　女（妻）がいとしくなり、河内の女の所へ行かなくなる。	男　ごくまれに河内の女の家へ行く。 河内の女の慎みのなさを見る。↓〔コ　〕を尽かす。 河内の女が男を恋い慕う歌をよむ。しかし、結局通わなくなった。

語句・文法　知識・技能

1 次の語の意味を調べなさい。

p.31 ℓ.12 ①あふ〔　　〕
p.32 ℓ.3 ②うちながむ〔　　〕
ℓ.6 ③かなし〔　　〕
ℓ.7 ④心にくし〔　　〕
p.33 ℓ.6 ⑤住む〔　　〕

2 次の太字の係助詞に対する結びの語を抜き出し、終止形で答えなさい。

p.31 ℓ.4 ①この女を**こそ**得めと思ふ。〔　　〕
ℓ.6 ②聞かで**なむ**ありける。〔　　〕
ℓ.11 ③たれ**か**上ぐべき〔　　〕
p.32 ℓ.2 ④かかるに**や**あらむと、〔　　〕
p.33 ℓ.5 ⑤恋ひつつ**ぞ**経る〔　　〕

3 次の太字の「に」は、あとのア〜カのいずれにあたるか。それぞれ選びなさい。

p.31 ℓ.12 ①本意のごとくあひ**に**けり。〔　　〕
ℓ.13 ②もろとも**に**言ふかひなくてあらむやは〔　　〕
p.32 ℓ.2 ③異心ありてかかる**に**やあらむと、〔　　〕
ℓ.5 ④夜半**に**や君がひとり越ゆらむ〔　　〕
p.33 ℓ.3 ⑤喜びて待つ**に**、たびたび過ぎぬれば、〔　　〕

ア　副詞の一部
イ　完了の助動詞「ぬ」の連用形
ウ　断定の助動詞「なり」の連用形
エ　時を表す格助詞
オ　逆接を表す接続助詞
カ　ナリ活用形容動詞の連用形活用語尾

内容の理解

思考力・判断力・表現力

前半

1 「田舎わたらひしける人の子ども、」(三・1) について、次の問いに答えなさい。

(1) 「子ども」の説明として適当なものを、次から選びなさい。

ア 名詞（子供）

イ 名詞（子）＋複数を表す接尾語（ども）

〔　　〕

(2) そのように判断した根拠を、本文中から四字で抜き出しなさい。

2 「君ならずしてたれか上ぐべき」(三・11) とあるが、女は結局どのようなことが言いたかったのか。次から選びなさい。

ア 背丈も髪も伸びました。早く生活力をつけたいものです。

イ 私の夫とする人はあなた以外にありません。

ウ あなたも早く大人になってください。

エ あなたは私に飽きてしまったのですか。

〔　　〕

3 「本意のごとくあひにけり。」(三・12) とあるが、「本意」とは本来の望みのことである。この「本意」を具体的に表している箇所を本文中から二十五字以内で抜き出しなさい。ただし、歌は除く。

後半

4 「異心ありてかかるにやあらむ」(三・2) について、次の問いに答えなさい。

(1) 「異心」とあるが、簡潔に言うとどのような心か。漢字三字で答えなさい。 ▼脚問1

(2) 「かかるにやあらむ」とあるが、「かかる」とは女のどのような行動をさすか。二十五字以内で答えなさい。

後半

5 「夜半にや君がひとり越ゆらむ」(三・5) に続けて、夫の身を案ずる女の気持ちがよくわかるように、十五字以内の口語で言葉を補いなさい。

6 「河内へも行かずなりにけり。」(三・6) とあるが、男が河内へ行かなくなったのはなぜか。次から選びなさい。 ▼学習三

ア 女の家に経済的に立ち直る気配が感じられたから。

イ ほかの男に心を寄せるのではないかと心配に思われたから。

ウ 美しい女の姿を見て、見捨てるには惜しく思われたから。

エ 男を思う純情に打たれて、いとしく思われたから。

〔　　〕

7 「頼まぬものの」(三・5) とあるが、河内の女が男を「頼まぬ」気持ちになったのはなぜか。次から選びなさい。

ア 来ようと約束しておきながら、毎度来なかったから。

イ 盗賊が出ることを警戒する男の心もわかるから。

ウ 生駒山が高く、男の来訪が困難であるとわかったから。

エ 男には美しい妻がいて、とても勝てないと思ったから。

〔　　〕

全体

8 次の傍線部の人物を表す言葉のうち、同じ人物を表しているものをすべて選びなさい。 ▼学習一

ア 男はこの女をこそ得めと思ふ。(三・4)

イ このもとの女、あしと思へるけしきもなくて、(三・1)

ウ この女、いとよう化粧《けさう》じて、(三・3)

エ かの女、大和《やまと》の方《かた》を見やりて、(三・1)

〔　　〕

学習目標 同じ話を題材にした別の古文作品と読み比べ、表現の違いとその効果を捉える。

活動 「筒井筒」と『大和物語』「沖つ白波」との読み比べ

教科書p.36～p.38

検印

展開の把握

思考力・判断力・表現力

○次の空欄に適語を入れて、内容を整理しなさい。

段落	内容	展開
第一段落（起）（初め～ p.36 ℓ.5）	男の浮気	昔、大和の国葛城の郡に、愛し合って住んでいた男女がいた。 女 家がひどく〔ア　〕になった。 ↓ 男 心ならずも〔イ　〕な女のもとに通う。
第二段落（承）（p.36 ℓ.6～p.36 ℓ.11）	女への疑い	女 男が他の女の所に通うのを〔ウ　〕せずに送り出す。男が泊まろうと思う夜さえも行けと言う。 男 女の〔エ　〕を疑う。
第三段落（転）（p.36 ℓ.12～p.37 ℓ.5）	女の真意	男 出て行くふりをして〔オ　〕の陰で様子を伺う。 女 〔カ　〕をとかし、男の〔キ　〕を案じる歌をよむ。 男 女を〔ク　〕思った。
第四段落（結）（p.37 ℓ.6～p.37 ℓ.11）	男の翻意	男 なおも見ていると、 女 〔ケ　〕の水を胸に据えてたちまち〔コ　〕にした。 男 驚いて飛び出して女をかき抱き、そのままずっと居続ける。
第五段落（補足）（p.37 ℓ.12～終わり）	後日談・今の妻への幻滅	月日が経過したのち、 男 女性が心中に抱く〔サ　〕の心を恐れて今の妻を訪れる。しかし、今の妻の〔シ　〕な姿を垣間見て〔ス　〕し、二度と行かなくなった。

語句・文法

知識・技能

1 次の語の意味を調べなさい。

p.36 ℓ.6 ①にぎははし〔　〕
ℓ.8 ②妬《ねた》し〔　〕
p.37 ℓ.12 ③心憂し〔　〕
④つれなし〔　〕
ℓ.14 ⑤ありし〔　〕
⑥つつまし〔　〕
ℓ.15 ⑦あやし〔　〕

2 次の太字の呼応の副詞「さらに」と呼応している語をそれぞれ抜き出しなさい。

p.36 ℓ.7 ①**さらに**妬げにも見えずなどあれば、〔　〕
p.37 ℓ.10 ②**さらに**行かで、つとゐにけり。〔　〕

3 次の太字の動詞の終止形と活用の種類を書きなさい。

p.36 ℓ.8 ①**忍ぶる**になむ〔　・　活用〕
ℓ.10 ②**恨むる**ことも〔　・　活用〕
ℓ.13 ③夜**更くる**まで〔　・　活用〕

4 次の太字の「な」は、あとのア～オのいずれにあたるか。それぞれ選びなさい。

p.36 ℓ.10 ①恨むることもあり**な**むなど、〔　〕
p.37 ℓ.1 ②人待つ**な**めりと見るに、〔　〕
ℓ.7 ③胸に**な**む据ゑたりける。〔　〕

ア 強意の係助詞「なむ」の一部
イ 強意の助動詞「ぬ」の未然形
ウ 断定の助動詞「なり」の連体形撥音便無表記
エ 詠嘆の終助詞
オ 禁止の終助詞

内容の理解 ―― 思考力・判断力・表現力

○「筒井筒」と同じ題材について取り扱った「沖つ白波」を読んで、次の問いに答えなさい。 ▼活動一 ▼活動二

全体

1 次の①〜③の「思ふ」の主語は、誰か。あとのア〜エの中から適当なものをそれぞれ選びなさい。

①限りなく妬く心憂く思ふを、（三六・8）
②わがうへを思ふなりけりと思ふに、（三七・4）
③かく行かぬをいかに思ふらむと、（三七・13）

ア 男　イ （もとの）女　ウ 今の妻　エ 使ふ人

①〔　〕②〔　〕③〔　〕

第一段落

2「この女、いとわろくなりにければ」（三六・2）とあるが、なぜ女は「わろく」なったのか。「筒井筒」を参考にして、十五字以内で説明しなさい。

第四段落

3「この女、うち泣きて……、据ゑたりける。」（三七・6〜7）とあるが、このときの女の心情を明らかにした一文を、本文中から抜き出し、初めの四字で答えなさい。

4「されば、この水、熱湯にたぎりぬれば、湯ふてつ。また水を入る。」（三七・8）は誇張した表現であるが、女がこのような特異な行動をしたのはなぜか。その理由を二十五字以内で説明しなさい。

全体

5 新傾向 次の会話文を読んで、あとの問いに答えなさい。

生徒A：二つの話はどちらも、男が二人の妻のところに通う話だけど、描かれている一人目の妻の印象がずいぶん違うよね。
生徒B：そうだね。「筒井筒」は、送り出したあと歌をよんでいるだけの〔①〕女のように感じるけれど、「沖つ白波」は、歌のあとに激しい行動が描かれているから〔②〕女のように思えるね。
生徒C：どちらの女にも〔③〕はあるのだろうけれど、「沖つ白波」の方が行動を詳しく書いているから、それが手に取るようにわかるね。
生徒D：他にも「沖つ白波」の方が詳しく描かれている部分があるね。
生徒B：男が二人目の妻に愛想を尽かした理由のところだね。「筒井筒」は「手づからいひがひ取りて、笥子のうつはものに盛りける」という行為を理由に挙げているだけだけど、「沖つ白波」はそれ以外に「〔④〕」や「〔⑤〕」という理由も挙げているからね。
生徒A：これらのことから、二つの作品の特徴をまとめると、「筒井筒」は、〔⑥〕描写であり、「沖つ白波」は〔⑦〕表現や〔⑧〕表現が多いということになるのかな。

全体

(1) 会話文中の空欄①・②にあてはまる言葉を次から選びなさい。
ア 無愛想な　イ 奥ゆかしい　ウ あまのじゃくな
エ 熱血漢な　オ 気性が激しい
①〔　〕②〔　〕

(2) 会話文中の空欄③にあてはまる言葉を次から選びなさい。
ア 正義感　イ 嫉妬心　ウ 自制心　エ 幻滅　〔　〕

(3) 会話文中の空欄④・⑤にあてはまる言葉を「沖つ白波」から十五字以内で二つ抜き出しなさい。

(4) 会話文中の空欄⑥〜⑧にあてはまる言葉を次からそれぞれ選びなさい。
ア 誇張された　イ 簡潔な　ウ 説明的な
⑥〔　〕⑦〔　〕⑧〔　〕

学習目標　古文作品とそれについて述べた現代の文章とを関連づけて読解する。

活動　「筒井筒」と俵万智『恋する伊勢物語』との読み比べ

教科書p.31～p.33

検印

○『伊勢物語』「筒井筒」について述べた次の文章を読んで、あとの問いに答えなさい。

恋する伊勢物語

俵　万智

絵に描いたようなハッピーなラブストーリーだった前半につづく[ア]後半では、女の方の親が亡くなるという不幸が訪れる。若い二人にとって、これは精神的にもそして物理的にも、大打撃だった。

通い婚というシステムのもとでは、婿の面倒はすべて、女の家の側でみることになっている。まだ生活力のない二人。それなのに結婚生活は、基本的な経済基盤を失ってしまった。暮らしむきは、日に日に悪くなる。

「いくら愛があっても、それだけでは人生は生きていけない。このままでは、お互いがダメになってしまう。」

そう考えた男は、新しい恋人を作り、河内《かわち》の国高安《たかやす》の郡《こおり》というところへ通うようになった。今の大阪府の東部あたりである。そうすれば、経済面を、新しい女の家に頼ることができる。当時としては、男が複数の女のところへ通うことは、決して珍しいことではなかった。

が、今と昔、結婚のシステムは違っても、人の心はそれほど違わないだろう。

「あなた、浮気なんかしてっ。」

と、問いつめることはできないにしても、別の女のところへ自分の夫が通うとき、女は大いに傷ついたことと思われる。問いつめたり、なじったりできないぶん、ストレスもたまったのではないだろうか。

いわば公然と、男は浮気をする。しかも、今回の場合は、女の家が経済的に苦しいという大義名分つきである。大義名分つきの、妻公認の、浮気――。世の男性たちは、「うらやましいなあ」と思われるだろうか。私は男でないので断言はできないが、これは、あまり楽しそうではないなあと感じる。良心がとがめるから、ドキドキする。妻に隠れているから、ワクワクする。そういうものではないだろうか。

せめて最初の妻が、むくれたり皮肉を言ったりしてくれれば、はりあいも出ようというもの。ところが彼女は、なかなかよくできた女性で、グチの一つもこぼさない。[イ]男が高安へ行くとわかっていても、ニコニコと送り出してくれるのだった。

あんまりニコニコしているので、男はふと不安になる。

「□。」

自分のことは棚にあげて、いや、自分のことがあるからなおさら深く、疑いの心が湧いてくる。まったく、男とは勝手なものだ。

ある日、どうしても事の真偽を確かめたくて、男はハリコミを計画した。

「高安へ行ってくるよ。」と言っていったん家を出て、その後こっそりひき返し、庭の植え込みの陰に身をひそめる。そして、そおっと家の中の様子をうかがった。

見ると女は、念入りに化粧などして、もの思いにふけっている。さっきの笑顔はどこへやら。さだまらぬ視線は、まさに恋する女のものである。

「くーっ。やっぱり、そうだったのか。誰だ？　どいつだ？　どこの男だ？　あらわれたら、とっちめてやる。」

ウ男はすっかり、新しい恋人を待っているのだと思いこんでしまった。男でなくても、読者の誰もがそう思うだろう。結婚した女が、夫を送り出したあと、化粧をしているのである。

ところが、しばらく観察していると、女はこんな歌を一首よんだ。

風吹けば沖つしら浪たつた山よはにや君がひとりこゆらむ

（中略）なんと、女は、浮気に出かけてゆく夫の身を案じていたのだった。もの思いにふける彼女の心を占めていたのが、自分だったと知って、男は心底感動してしまう。と同時に、こんないじらしい妻を疑ったりした自分が、恥ずかしくもなる。

飛びだしていって抱きしめたくなる気持ちをこらえるのが大変なぐらい、愛しさで胸がいっぱいになってしまった。

この件があって以来、男の足はさっぱり高安へ向かなくなる。つくづく男とは勝手なものだ。（中略）

さて、浮気相手の女性とのその後は、どうなっただろうか。「化粧と歌」の一件以来、ごくごく稀にしか、訪れることがなくなってしまったが、相手の方では熱は冷めていないらしかった。

この高安に住む女、男が通いはじめた頃は、なかなか奥ゆかしくふるまっていた。けれどだんだん親しさが増すにつれて、気どりのない態度で接してくる。ご飯をよそう時なども、

「あ、あなたのは私がよそってあげるわ、ハイ、どうぞ。」

と、自ら杓子《しゃくし》を手にとったりする。

「(おいおい、気品のある女は、そういうことはしないもんだぜ。仕えの者がいるじゃないか。よせよ、みっともない。)」

男は、心の中でつぶやくだけなので、いっこうに相手には伝わらない。女のうちとけた態度、くだけた服装、エもう何もかもが気に入らなくてイライラするのだが、その傾向はつよくなるばかりだった。

特に、右に紹介した「ごはん自ら事件」は、深く心にとどまり、①女への「いや気」を決定的にしてしまったらしいことが、原文から読み取れる。

杓子を使うことが、どれくらい品のないことだったのか、今の私たちにはピンときにくい。が、あえて品のないことをしてまで、男への愛情を示そうとした彼女の気持ちが、ここでは大事なのではないだろうか、と思う。

「いつまでも私がお高くとまっていたら、窮屈に感じて肩がこるんじゃないかしら。こちらから気さくな態度を見せていけば、あのかたも寛《くつろ》いでゆったりした気分になれるに違いないわ。男と女といっても、基本的には人間対人間。弱いところや、だらしないところを含めて、お互いを知りつくしてこそ、本当の愛は育つもの……。」

高安の女の態度からは、こういう気持ちが感じられる。男が通って来ている間だけ、見栄をはって澄ましていることぐらい、そうむずかしいことではないだろう。それをあえてしないところに、逆に彼女の意志があるように思われるのだ。

人間くさくて、好きだなあ、こういう人。とてもいい友達になれそうな気がする。大和の女とは、対照的で、むしろこちらの高安のほうが、妻タイプではなかろうか。私が男だったら、そうする。そして、いつも化粧をしている大和のほうを、愛人にするのだ。

しかし、いくら私が応援演説をしても、むなしい。その後、短歌に託して、二度のラブコールが高安の女から送られてきたにもかかわらず、男は通わなくなってしまった。

内容の理解

思考力・判断力・表現力

1 新傾向 **本文中の空欄には、「筒井筒」の本文を筆者が解釈した文章が入る。その解釈のもととなった箇所を、「筒井筒」の本文中から十三字で抜き出しなさい。**

2 新傾向 **波線部①「女への『いや気』」とあるが、男のこの気持ちを表した箇所を、「筒井筒」の本文中から五字以内で抜き出しなさい。**

3 新傾向 **『恋する伊勢物語』には、「筒井筒」を忠実に現代語訳した記述だけでなく、「筒井筒」に対する筆者独自の解釈が含まれている。傍線部ア～エから筆者独自の解釈が含まれていると考えられるものをすべて選びなさい。**

ア　後半では、女の方の親が亡くなるという不幸が訪れる。

イ　男が高安へ行くとわかっていても、ニコニコと送り出してくれるのだった。

ウ　男はすっかり、新しい恋人を待っているのだと思いこんでしまった。

エ　もう何もかもが気に入らなくてイライラするのだが、その傾向はつよくなるばかりだった。

〔　　〕

4 **次の会話文は『恋する伊勢物語』と「筒井筒」を読んで、三人の生徒が話し合っているものである。これを読んで、あとの問いに答えなさい。**

生徒A：昔も、女は男の浮気心のせいで苦しい思いをさせられていたんだね。『恋する伊勢物語』に二か所も書かれているように、まさに①「男とは勝手なもの」だよね。

生徒B：そうかな。それはあくまで、現代の私たちから見て「勝手」ということかもしれないよ。現代の私たちと、「筒井筒」の中に描かれた時代の人たちとでは、ものの見方や考え方に違うところが多くあるはずだから。

生徒C：私もそう思う。たとえば、高安の女の行動に男は幻滅していたよね。でも、『恋する伊勢物語』の筆者が「□」と言っているように、私もこの感覚はピンときていないんだ。

生徒A：そうそう。②男が高安の女のところに通い始めた理由についても、『恋する伊勢物語』の筆者は、単なる浮気心ではない別の理由があるとも言っているね。

(1) 傍線部①「男とは勝手なもの」と、生徒Aが考える根拠にあたる「筒井筒」の男の行動を二つ選びなさい。

ア　自分は別の女のところに通っていたのに、自分を平気で送り出す大和の女の態度から浮気を疑った行動。

イ　大和の女のことを信用せずに嘘をついて出かけ、大和の女の様子を植え込みからうかがう行動。

ウ　大和の女を愛おしいと思ってから、高安の女のところへ通うのをすっかりやめてしまった行動。

エ　大和の女が自分のことを気にかけてくれているのを知って胸がいっぱいになったので、飛び出して抱きしめそうになった行動

〔　　〕〔　　〕

(2) 生徒Cの□にあてはまる適切な一文を『恋する伊勢物語』から探し、その初めの五字で答えなさい。

(3) 傍線部②「男が高安の女のところに通い始めた理由」とあるが、その理由とはどのようなものか。現代とは違うこの当時の結婚に対する考え方をふまえて、四十五字以内で書きなさい。

学習目標　和歌に込められた心情を読み取り、話の中で和歌が果たしている役割を捉える。

伊勢物語（あづさ弓）

教科書p.34～p.35

検印

展開の把握

思考力・判断力・表現力

○次の空欄に適語を入れて、内容を整理しなさい。

第一段落（序）（初め～ p.34 ℓ.3）	第二段落（破）（p.34 ℓ.3～p.34 ℓ.10）	第三段落（急）（p.34 ℓ.10～終わり）
妻の再婚の日、夫が帰宅	夫婦の愛のすれ違い	妻の後悔と悲劇的結末
昔、男が片田舎に住んでいた。 夫(男)　〔ア　　〕すると言って、〔イ　　〕した。 →妻と別れを惜しんで出て行ったが、そのまま三年間帰って来なかった。 妻　待ちくたびれてしまった。 →たいそう〔ウ　　〕に言い寄る男と〔エ　　〕の約束をした。 その夜、夫が帰って来た。	夫　門をたたく。 妻　開けずに歌をよんで伝える。 →〔オ　　〕年待ちわびたが、今夜〔カ　　〕します。 夫　歌を返す。→帰ろうとする。 →新しい男と〔キ　　〕暮らしなさい。 妻　たまらず、歌をよむ。 →昔からあなただけを〔ク　　〕していたのに……。 夫　行ってしまった。	妻　悲しみのあまり、帰る夫のあとを追った。 しかし、追いつけない。 〔ケ　　〕のもとで、〔コ　　〕の血でもって夫を思う歌を書く。 →その場で命が絶える。

語句・文法

知識・技能

1 次の語の読みを現代仮名遣いで書きなさい。

p.34
- ℓ.1 ①片田舎〔　　〕
- ℓ.3 ②今宵〔　　〕
- ℓ.11 ③指〔　　〕
- ℓ.13 ④相思ふ〔　　〕
- ⑤離る〔　　〕

2 次の語句の意味を調べなさい。

p.34
- ℓ.2 ①ねんごろなり〔　　〕
- ℓ.14 ②いたづらになる〔　　〕

3 次の太字の動詞について、活用の種類と活用形を答えなさい。

p.34
- ℓ.2 ①三年**来**ざりければ、〔　　・　　〕
- ℓ.5 ②今宵こそ新枕**すれ**〔　　・　　〕
- ℓ.8 ③**いな**むとしければ、〔　　・　　〕
- ℓ.11 ④清水の**ある**所に〔　　・　　〕

4 次の太字の「に」は、あとのア～オのいずれにあたるか。それぞれ選びなさい。

p.34
- ℓ.1 ①宮仕へし**に**。〔　　〕
- ℓ.2 ②待ちわびたりける**に**、〔　　〕
- ℓ.9 ③寄り**に**しものを〔　　〕
- ℓ.14 ④いたづら**に**なりにけり。〔　　〕

ア　ナリ活用形容動詞連用形活用語尾
イ　完了の助動詞「ぬ」の連用形
ウ　断定の助動詞「なり」の連用形
エ　目的を表す格助詞
オ　順接の接続助詞

内容の理解　思考力・判断力・表現力

第一段落

1 「宮仕へしに。」（二四・1）とあるが、このあとに、どのような言葉が省略されているか。五字以内の現代語で書きなさい。　▼脚問1

第二段落

2 「開けで、」（二四・4）とあるが、女が戸を開けなかったのはなぜだと思うか。次から選びなさい。

ア　三年間も待たせた男を恨んでいたから。
イ　突然のことで、直接顔を合わせるのが恥ずかしかったから。
ウ　三年も待ち続けた女には、別の男に思われて恐ろしかったから。
エ　他の男と結婚する約束があってとまどったから。

〔　　〕

3 「わがせしがごとうるはしみせよ」（二四・7）とあるが、「わがせし」とは、誰が誰をどのようにしたことを言っているのか。十字以内で簡潔に説明しなさい。

4 「昔より心は君に寄りにしものを」（二四・9）とあるが、女がこのように思っていることがよくわかるのはどこか。本文中から抜き出しなさい。

〔　　〕

第三段落

5 「え追ひつかで、」（二四・11）とは、どういう意味か。十五字以内で口語訳しなさい。（句読点を含まない）

6 「相思はで……」（二四・13）の歌について、次の問いに答えなさい。

(1) 「今ぞ消え果てぬめる」（二四・13）とあるが、「消え果て」と同じ意味を表す言葉を本文中から抜き出し、終止形で答えなさい。

〔　　〕

(2) この歌からわかる女の気持ちとして適当なものを次からすべて選びなさい。　▼学習二

ア　やさしさ　イ　懐かしさ　ウ　悔しさ
エ　悲しさ　オ　怖さ

〔　　〕

全体

7 この文章の内容と合致しないものを一つ、次から選びなさい。

ア　男は、女が家の中へ入れなかったことに腹を立て、返歌もせずに帰ってしまった。
イ　女は、他の誰よりも男を恋しく思い続けていて、忘れることはなかった。
ウ　三年もの間帰って来なかったものの、女に対する男の愛情は変わることはなかった。
エ　女は、宮仕えに出たまま帰って来なくなった男を待ちわびながらも、別の人と結婚しようとした。

〔　　〕

8 この物語に描かれている女は、どのような人だと思うか。二十字以内で答えなさい。

9 本文中に四首の歌があるが、物語の展開として最も重要なはたらきをしている歌は、どの歌か。その歌の初めの五字で答えなさい。

学習目標　古文を読解するための基礎知識として、用言の活用を習得する。

古文を読むために3

教科書 p.40～p.42

検印

基本練習　知識・技能

1 **次の傍線部の動詞の基本形(終止形)をひらがなで書きなさい。**

①竹を取りつつ、よろづのことに使ひけり。(三〇・1)　〔　　〕

②この子を見れば、苦しきこともやみぬ。(二一・4)　〔　　〕

③君来むと言ひし夜ごとに過ぎぬれば(三一・5)　〔　　〕

2 **次の傍線部の動詞の基本形(終止形)と活用の種類を書きなさい。**

①なんぢと一所で死なんと思ふ(八四・4)　〔　　・　　〕

②くらべこし振り分け髪も肩過ぎぬ(三一・11)　〔　　・　　〕

③尻をほうと蹴たれば、(宇治拾遺物語・一七六)　〔　　・　　〕

④比叡の山に児ありけり。(二一・1)　〔　　・　　〕

3 **次の傍線部の活用語の活用の種類を書き、活用形をあとから選びなさい。**

①うれしとは思へども、(二一・7)　〔　　・　　〕

②この児、心寄せに聞きけり。(二一・2)　〔　　・　　〕

③大和人《やまとびと》、「来む。」と言へり。(三一・3)　〔　　・　　〕

④恥ぢずになむ来ける。(五七・6)　〔　　・　　〕

⑤三里に灸《きう》据うるより、(一〇六・7)　〔　　・　　〕

⑥苔《こけ》の袂《たもと》よかわきだにせよ(九五・5)　〔　　・　　〕

ア　未然形　　イ　連用形　　ウ　終止形

エ　連体形　　オ　已然形　　カ　命令形

4 **次の傍線部の形容詞について、活用の種類と活用形を答えなさい。**

①うつくしき(ア)こと限りなし(イ)。(二〇・7)

留意点

●活用の種類の見分け方

(1)語数の少ないもの

↓暗記する(複合動詞もあるので注意する)。

①上一段活用…干《ひ》る・射《い》る・鋳《い》る・着《き》る・煮《に》る・似《に》る・見《み》る・居《ゐ》る・率《ゐ》る　など

☆「ひいきにみゐ―る」と覚える。

②下一段活用…蹴《け》る

③カ行変格活用…来《く》

④サ行変格活用…す・おはす

⑤ナ行変格活用…死ぬ・往《い》ぬ(去ぬ)

⑥ラ行変格活用…あり・居《を》り・侍《はべ》り・いまそかり(いますかり)

(2)語数の多いもの

↓打消の助動詞「ず」をつけて見分ける。

①四段活用……a段になる。例　行か―ず

②上二段活用…i段になる。例　起き―ず

③下二段活用…e段になる。例　受け―ず

●ア行・ヤ行・ワ行に活用する動詞

(　)内は複合動詞

ア行…下二段活用↓得《う》(心得《こころう》・所得《ところう》)のみ

ヤ行…上一段活用↓射《い》る・鋳《い》る

上二段活用↓老《お》ゆ・悔《く》ゆ・報《むく》ゆ〈三語のみ〉

下二段活用↓覚《おぼ》ゆ・聞《き》こゆ・見《み》ゆ　など

②アそこはかとなく書きつくれば、あやしうこそイものぐるほしけれ。（六六・序）

ア〔　　・　　〕　イ〔　　・　　〕

③おごれる人も久しからず、ただ春の夜の夢のごとし。（七八・2）

ア〔　　・　　〕　イ〔　　・　　〕

5 **次の傍線部の形容動詞について、活用の種類と活用形を答えなさい。**

①そこにいたづらになりにけり。（三四・14）〔　　・　　〕

②あけぼのの空朧々《ろうろう》として、（一〇七・1）〔　　・　　〕

③風激しく吹きて、静かならざりし夜、（方丈記・安元の大火）〔　　・　　〕

④渺々《べうべう》たる平沙《へいさ》へぞ赴き給ふ。（平家物語・太宰府落《だざいふおち》）〔　　・　　〕

6 **次の傍線部の語の音便の種類ともとの形を答えなさい。**

①をめき叫んで攻め戦ふ。（平家物語・能登殿最期《のとどのさいご》）〔　　・　　〕

②義臣すぐつてこの城にこもり、（一〇八・5）〔　　・　　〕

③いとうつくしうてゐたり。（三〇・4）〔　　・　　〕

④互ひによいかたきぞ。（八一・7）〔　　・　　〕

7 **「また、ただ一つ二つなど、ほのかにうち光りて行くも、をかし。雨など降るも、をかし。」**（四四・3）**には、用言が五種類含まれている。抜き出して、順に文法的に説明しなさい。同じ語がある場合は、最初に出てきたものを抜き出し、説明すること。**

①〔　　＝　　〕

②〔　　＝　　〕

③〔　　＝　　〕

④〔　　＝　　〕

⑤〔　　＝　　〕

ワ行…上一段活用→居《ゐ》る・率《ゐ》る（率《ひき》ゐる・用《もち》ゐる）

　下二段活用→植《う》う・飢《う》う・据《す》う〈三語のみ〉

※ア行に活用する語とヤ行・ワ行に活用する語は紛らわしいが、ア行に活用する語（得〈心得・所得〉）を覚えて、判断しよう。

例　老いず……ア行・ヤ行ともにありうるが、ヤ行

　植う＋ず…　×植えず　○植ゑず＝ワ行

●基本形が一字の動詞

得《う》（ア行下二段活用）　寝《ぬ》（ナ行下二段活用）

経《ふ》（ハ行下二段活用）　来《く》（カ行変格活用）

す（サ行変格活用）

※「得」「寝」「経」は、語幹と語尾の区別がない。

●動詞・形容詞・形容動詞の音便

イ音便…イ音に変化（動詞・形容詞）

・泣きて→泣いて　・悲しきかな→悲しいかな

ウ音便…ウ音に変化（動詞・形容詞）

・思ひて→思うて　・うれしくて→うれしうて

撥音便《はつおんびん》…ン音に変化（動詞・形容詞・形容動詞）

・飛びて→飛んで　・多かるなり→多かんなり

・苦しげなるめり→苦しげなんめり

※ラ変型の活用語が撥音便化する場合、撥音が表記されないこともある。読むときはン音を補う。

促音便《そくおんびん》…ッ音に変化（動詞）

・立ちて→立って

学習目標　自然の景物や人間生活に対する作者の考え方を捉える。

枕草子（春は、あけぼの）

教科書p.44～p.45　検印

展開の把握　思考力・判断力・表現力　学習一

○次の空欄に漢字一字の適語を入れて、内容を整理しなさい。

第一段落（初め～p.44 ℓ.2）	第二段落（p.44 ℓ.3～p.44 ℓ.5）	第三段落（p.44 ℓ.6～p.45 ℓ.1）	第四段落（p.45 ℓ.2～終わり）
春の美	夏の美	秋の美	冬の美
春は、あけぼのがよい。 ・あたりがだんだん〔ア　〕んでいき、 ↓〔イ　〕の稜線のあたりがほんのり明るくなって、 ↓〔ウ　〕がかった〔エ　〕が細くたなびいている。	夏は、夜がよい。 ・〔オ　〕のあるころの風情のよさは言うまでもない。 ・〔カ　〕夜もやはり〔キ　〕が飛びかうころ。 ・〔ク　〕などが降る夜。	秋は、夕暮れがよい。 ・夕日が山の端に落ちかかるころ ↓〔ケ　〕や〔コ　〕が飛ぶ。 ・すっかり暮れたあと ↓〔サ　〕の音や〔シ　〕の音。	冬は、〔ス　〕朝がよい。 ・〔セ　〕や〔ソ　〕の景。 ・寒いときに炭火を持って廊下を行く。 昼になって、丸火鉢の火にも白い〔タ　〕が目立つ ↓
趣がある	趣がある	言いようもないほど趣がある	ふさわしい情景である ふさわしくない

語句・文法　知識・技能

1 次の語の意味を調べなさい。

p.44 ℓ.1 ①やうやう〔　　〕
ℓ.3 ②さらなり〔　　〕
③なほ〔　　〕
p.45 ℓ.1 ④はた〔　　〕
ℓ.2 ⑤つとめて〔　　〕
ℓ.3 ⑥さらで〔　　〕
⑦つきづきし〔　　〕
ℓ.5 ⑧わろし〔　　〕

2 A「をかし」・B「あはれなり」の意味と関係が深いものを、次からそれぞれ四つ選びなさい。

ア　主観的　イ　客観的　ウ　閉ざされた美
エ　理知的　オ　情緒的　カ　開かれた美
キ　対象と距離をおいて眺めて感じる趣
ク　対象と一体化して感じる趣

A〔　　〕　B〔　　〕

3 次の太字の語の品詞を答えなさい。

p.44 ℓ.1 ①**少し**明かりて、〔　　〕
ℓ.4 ②**ほのかに**うち光りて〔　　〕

4 A「言ふべきにあらず。」（四五・1）は「言いようもない。」、B「言ふべきにもあらず。」（四五・2）は「言うまでもない。」の意味である。A・Bの傍線部の助動詞「べき」の文法的意味は、何か。次からそれぞれ選びなさい。

ア　当然　イ　適当　ウ　意志　エ　可能

A〔　　〕　B〔　　〕

内容の理解

思考力・判断力・表現力

第一段落

1 「春」の記述では、どのような美が表現されているか。次から選びなさい。

ア　時間の経過に従って変化していく雲のたたずまいの美しさ。
イ　時間の経過に従って微妙に変化する「山ぎは」の美しさ。
ウ　時間の経過に従って姿を明らかにしていく景観の美しさ。
エ　時間の経過に従って変化していく色彩の美しさ。　〔　　〕

第二段落

2 「夏」の記述の「ほのかにうち光りて行くも、をかし。雨など降るも、をかし。」（㗊・4）について、次の問いに答えなさい。

(1) 「ほのかにうち光りて行くも、をかし。」とあるが、「も」は同趣の事柄を添加するはたらきの係助詞である。ここの「も」は何に対して「ほのかにうち光りて行く」を添加しているのか。本文中から十二字以内で抜き出しなさい。

(2) 「雨など降るも、をかし。」とあるが、係助詞「も」は何に対して「雨など降る」を添加しているのか。次から二つ選びなさい。

ア　夏　イ　夜　ウ　月　エ　闇　オ　蛍　〔　　〕〔　　〕

第三段落

3 「秋」の記述は、「日入り果てて、」から二段に分けることができる。

(1) 前段において、清少納言がこれまでの伝統的な美意識を打ち破り、新鮮な目で実感として美を捉えたものは何か。該当するものを本文中から抜き出しなさい。〔　　〕

(2) 「三つ四つ、二つ三つ」（㗊・7）とあるが、どのような状態を描写したものか。次から選びなさい。

ア　三羽行きあるいは四羽行き、または二羽、三羽と群がって行くこと。
イ　三羽だか四羽だか、あるいは二羽か三羽か、重なり合ったり離れたりしてわからないこと。
ウ　初めに三羽だったのが四羽に増え、さらに二羽に減ったり三羽に増えたりすること。
エ　数えきれないほどたくさん行くこと。　〔　　〕

(3) 後段は「日入り果てて、」（㗊・10）から始まるが、後段での風物の取り上げられ方には、どのような特徴があるか。次から選びなさい。

ア　視覚的　イ　聴覚的　ウ　触覚的　エ　嗅覚的　〔　　〕

第四段落

4 「冬」の記述について、次の問いに答えなさい。

(1) 「さらでも」（㗉・3）とあるが、どのような意味か。指示語「さら」の内容を明示して、十字以内で口語訳しなさい。

(2) 「つきづきし」（㗉・3）とあるが、赤くおこった炭火を持って歩くのが、何に似つかわしいというのか。十二字以内で答えなさい。

(3) 「白き灰がちになりて、わろし。」（㗉・4）とあるが、炭火が「白き灰がち」になるのが、なぜ「わろし」なのか。次から選びなさい。▼脚問2

ア　灰を残したままにする身勝手な人の姿が連想されるから。
イ　火桶が不要な気候になったのに、片づけ忘れているから。
ウ　朝と違って厳しい寒さが感じられず、冬に似つかわしくないから。
エ　炭火がパチパチはぜる活気もなく、炭を用意する人の姿も見えず、さびしく感じられるから。　〔　　〕

全体

5 この文章は、四季それぞれの自然や人事の美しい瞬間を捉えて細かく描写している。その美しさを捉えるときの観点を、どのような言葉で表現しているか。本文中から三字で抜き出しなさい。

学習目標　自然の景物や人間生活に対する作者の考え方を捉える。

枕草子（はしたなきもの）

教科書p.46　検印

展開の把握　思考力・判断力・表現力　学習一

○次の空欄に適語を入れて、内容を整理しなさい。

段落	見出し	区分	内容
第一段落（初め～ p.46 ℓ.2）	人違い	主題	はしたなきもの
		主文	・他の人を呼ぶ→〔ア　〕だと思って、違った人が顔を出した。
		従属文	・それが〔イ　〕などくれてやるとき →いっそうである。
第二段落（p.46 ℓ.2～p.46 ℓ.3）	暴かれた悪口	主文	・なりゆきで、人の〔ウ　〕を言う ← 幼い子供が聞いて覚えていて、← 当人のいる前で言い出す。
第三段落（p.46 ℓ.3～終わり）	出てこない涙	主文	・悲しいことなど人が話して泣く →どうしても〔エ　〕が出て来ない。
		従属文	・泣き〔オ　〕を作り、特別しんみりした〔カ　〕をする。 →全然かいがない。
		従属文	・〔キ　〕ことを聞いた折 →涙が出て来る。

語句・文法　知識・技能

1 次の語の意味を調べなさい。

p.46 ℓ.1 ①はしたなし〔　〕
②こと人〔　〕
ℓ.5 ③けしき〔　〕
ℓ.6 ④めでたし〔　〕

2 次の太字のカ行変格活用動詞の活用形は、あとのア～カのいずれにあたるか。それぞれ選びなさい。

p.46 ℓ.4 ①涙のつと**出で来**ぬ、〔　〕
ℓ.6 ②**出で来**にぞ出で来る。〔　〕
③出で来にぞ**出で来る**。〔　〕

ア 未然形　イ 連用形　ウ 終止形
エ 連体形　オ 已然形　カ 命令形

3 次の太字の「に」は、あとのア～カのいずれにあたるか。それぞれ選びなさい。

p.46 ℓ.5 ①けしき異**に**なせど、〔　〕
ℓ.6 ②めでたきことを見聞く**に**は、〔　〕
③出で来**に**ぞ出で来る。〔　〕

ア 断定の助動詞「なり」の連用形
イ 完了の助動詞「ぬ」の連用形
ウ 格助詞
エ 接続助詞
オ 副詞の一部
カ ナリ活用形容動詞の連用形活用語尾

内容の理解　思考力・判断力・表現力

第一段落

1「我ぞとさし出でたる。」(四六・1)とあるが、「さし出で」とはどうすることか。次から選びなさい。

ア　口出しする　　イ　でしゃばる

ウ　受け答えする　　エ　ものを渡す

〔　　〕

2 新傾向 「いとど。」(四六・2)という表現の効果について説明した次の文の空欄に当てはまる言葉を、①〜③は十字以内の現代語で書き、④は本文中から七字以内で抜き出しなさい。 ▼脚問1

「いとど」は「〔　①　〕という意味がある。これがあることで「〔　②　〕ときに、自分のことだと思って違った人が顔を出すこと」よりも、「〔　③　〕ときに違った人が顔を出すこと」のほうがより「〔　④　〕」であることが示されている。

①

②

③

④

第二段落

3「おのづから人の上などうち言ひそしりたるに、」(四六・2)とは、どういう意味か。次から選びなさい。

ア　つい自然のなりゆきで、人のうわさをして悪口を言ったところ、

イ　たまたま身分の高い人のことを話題にしてけなしたところ、

ウ　自分よりも人が上位になったことに文句を言い立腹したところ、

エ　目上の人の言動を取り上げて非難したところ、

〔　　〕

第二段落

4「その人のあるに」(四六・3)とあるが、「その人」とはどういう人か。十字以内の現代語で、わかりやすく答えなさい。

5「言ひ出でたる。」(四六・3)とあるが、誰が、何を言ったのか。それぞれ本文中の言葉で答えなさい。

誰が〔　　〕

何を〔　　〕

第三段落

6「げにいとあはれなり」(四六・4)とは、どういう意味か。十五字以内で口語訳しなさい。

7「出で来にぞ出で来る。」(四六・6)とあるが、何が出て来るというのか。その主語を答えなさい。

〔　　〕

全体

8 新傾向 本文を読んだ生徒の感想として適当なものを、次から選びなさい。

生徒Ａ：この文章には一般的な作者の観察が書かれているだけなのだけど、二流・三流の貴族の悲哀感が実によくにじみ出ているね。

生徒Ｂ：この文章を書いた清少納言は権威主義者だから、いろいろな場合の人間の権勢のありかたを詳細に描いているね。

生徒Ｃ：この文章には、世間の裏表をよく知っている作者による、世間交際上の人事が、つぶよりの言葉で表されているね。

生徒Ｄ：この文章で清少納言は、感情を鋭く捉え、現代人とは違う、この当時独特の人間関係を赤裸々に語っているね。

生徒〔　　〕

学習目標　自然の景物や人間生活に対する作者の考え方を捉える。

枕草子（九月ばかり）

教科書p.47

検印

展開の把握　思考力・判断力・表現力

○次の空欄に適語を入れて、内容を整理しなさい。

第一段落（初め～p.47 ℓ.6）		第二段落（p.47 ℓ.7～終わり）
ア〔　　〕月ごろ 一晩中降っていたイ〔　　〕が上がった庭		作者の考え
ウ〔　　〕がさし出したとき	少し日がケ〔　　〕なってから	
・庭のエ〔　　〕。 ↓オ〔　　〕がこぼれるほど濡れている。 ・垣根やカ〔　　〕の上の破れたキ〔　　〕。 ↓雨が降りかかっている。 ＝ク〔　　〕を貫き通したよう。 ・コ〔　　〕などが露を含んで重そう。 ↓サ〔　　〕が落ちる。↓シ〔　　〕が動く。 ＝人がス〔　　〕をふれていないのに上へあがる。		・他の人にとってそれは少しもセ〔　　〕のではないかと思う。
作者は「ソ〔　　〕」と思う		

語句・文法　知識・技能

1 次の語の読みを現代仮名遣いで書きなさい。

p.47 ℓ.1 ①九月〔　　〕
ℓ.2 ②透垣〔　　〕

2 次の語の意味を調べなさい。

p.47 ℓ.2 ①こぼる〔　　〕
ℓ.3 ②こほる〔　　〕
ℓ.5 ③たく〔　　〕

3 次の太字の助動詞の意味を、あとのア～カからそれぞれ選びなさい。

p.47 ℓ.1 ①降り明かし**つる**雨の、〔　　〕
ℓ.2 ②さし出で**たる**に、〔　　〕
③濡れかかり**たる**も、〔　　〕
ℓ.6 ④人も手触れ**ぬ**に、〔　　〕
ℓ.7 ⑤つゆをかしから**じ**と思ふこそ、〔　　〕

ア 断定　イ 推定　ウ 完了
エ 打消　オ 存続　カ 打消推量

4 次の太字の「に」は、あとのア～オのいずれにあたるか。それぞれ選びなさい。

p.47 ℓ.2 ①さし出でたる**に**、〔　　〕
ℓ.4 ②あはれ**に**をかしけれ。〔　　〕
ℓ.6 ③手触れぬ**に**、〔　　〕

ア ナリ活用形容動詞の連用形活用語尾
イ 完了の助動詞「ぬ」の連用形
ウ 断定の助動詞「なり」の連用形
エ 時間・場所を表す格助詞
オ 逆接の接続助詞

内容の理解

第一段落

思考力・判断力・表現力

1 この文章は、どんな日のどんな時間帯のことを書いた文章か。二十字以内で説明しなさい。

2「朝日いとけざやかにさし出でたる」(四七・1)とあるが、この朝日の様子を説明したものとして適切なものを次から選びなさい。

ア　朝日が華やかに照っている様子。
イ　朝日が照ってさわやかに感じる様子。
ウ　朝日が鮮やかに射している様子。
エ　朝日がとても早くから昇っている様子。

〔　〕

3「蜘蛛の巣」について次の問いに答えなさい。

(1)「こほれ残りたる」(四七・3)とあるが、これは蜘蛛の巣がどのようになっている様子を表しているか。次から選びなさい。

ア　濡れて落ちている
イ　そのままになっている
ウ　破れてはいるが残っている
エ　間から雨がこぼれている

〔　〕

(2)「白き玉を貫きたるやうなる」(四七・4)とあるが、これは蜘蛛の巣のどんな様子のことか。二十五字以内で書きなさい。

4「萩などのいと重げなる」(四七・5)とあるが、なぜこのようになっているのか。その理由を二十五字以内で書きなさい。　▼脚問1

第二段落

5「(1)いみじうをかし。と言ひたることどもの、人の心にはつゆをかしからじと思ふこそ、また(2)をかしけれ。」(四七・6)とあるが、傍線部(1)(2)は、それぞれ①誰が②どんなことに対して「をかし」と感じているのか。簡潔に書きなさい。　▼学習一

(1)いみじうをかし

①〔　〕

②〔　〕

(2)をかしけれ

①〔　〕

②〔　〕

全体

6 新傾向　この文章について四人の生徒が発言している。本文の内容をふまえた発言をしている生徒を、次から選びなさい。

生徒A：この作者が、他人と自分の感性とが同じであることをおもしろいと思っていることには同感するね。

生徒B：この作者は、他人の感性が自分の感性と同じでないと気が済まないんだね。

生徒C：この作者は、他人と自分の感性が違うことを前提として「をかし」と思うものをあげているね。

生徒D：この作者が、他人と自分の感性の違いを興味深く捉えているところが斬新だね。

生徒〔　〕

学習目標　自然の景物や人間生活に対する作者の考え方を捉える。

枕草子（中納言参りたまひて）

教科書 p.48〜p.49

検印

展開の把握

思考力・判断力・表現力

○次の空欄に適語を入れて、内容を整理しなさい。

第一段落（初め〜 p.48 ℓ.7）				第二段落（p.48 ℓ.8〜終わり）
自慢話				弁解
（発端）	（展開）	（最高潮）	（結末）	（補足）
中納言様　参上なさって、〔ア　〕を差し上げなさる。 「実に珍しい扇の〔イ　〕を手に入れました。この骨にふさわしい上質の〔ウ　〕を求めています。」	〔エ　〕「どのような骨ですか。」 中納言様　ひどく〔オ　〕そうにおっしゃる。 「世に見たことのない骨だ。」	私　「扇の骨ではなく、〔カ　〕の骨でしょう。」	中納言様　感心し、お笑いになる。 「隆家の言った〔キ　〕としよう。」	人々　「〔ク　〕も書きもらすな。」 ↓ 私　しかたなく書いた。

語句・文法

知識・技能

1 次の語の意味を調べなさい。

p.48
- ℓ.1 ①いみじ〔　〕
- ℓ.2 ②参らす〔　〕
- ③おぼろけなり〔　〕
- ℓ.4 ④さらに〔　〕
- ℓ.5 ⑤のたまふ〔　〕
- ℓ.8 ⑥かたはらいたし〔　〕
- ℓ.10 ⑦いかが〔　〕

2 次の太字の副詞は、どの語と呼応しているか。呼応している語を、それぞれ抜き出しなさい。

p.48
- ℓ.2 ①**え**張るまじければ、〔　〕
- ℓ.4 ②**さらに**まだ見ぬ骨のさまなり。〔　〕
- ℓ.9 ③一つ**な**落としそ。〔　〕

3 次の太字の敬語の種類および品詞は、あとのア〜オのいずれにあたるか。それぞれ選びなさい。

p.48
- ℓ.1 ①中納言**参り**たまひて、〔　・　〕
- ②御扇**奉らせ**たまふ〔　・　〕
- ℓ.2 ③張らせて**参らせ**む〔　・　〕
- ℓ.3 ④求め**はべる**なり。〔　・　〕
- ⑤と**申し**たまふ。〔　・　〕
- ⑥問ひ**きこえさせ**たまへば、〔　・　〕
- ℓ.5 ⑦言高く**のたまへ**ば、〔　・　〕
- ℓ.6 ⑧**聞こゆれ**ば、〔　・　〕
- ℓ.7 ⑨笑ひ**たまふ**。〔　・　〕

ア　尊敬語　イ　謙譲語　ウ　丁寧語
エ　動詞　オ　補助動詞

内容の理解

思考力・判断力・表現力

全体

1 次の①〜④の傍線部の主語は誰か。あとからそれぞれ選びなさい。（二度選んでもよい）

①御扇奉らせたまふ（四八・1）〔　〕

②参らせむ（四八・2）〔　〕

③聞こゆれば、（四八・6）〔　〕

④「一つな落としそ。」と言へば、（四八・9）〔　〕

ア 中納言　イ 中宮　ウ 人々　エ 作者

第一段落

2 「え張るまじければ、」（四八・2）とは、どういう意味か。次から選びなさい。

ア 当然張りたくないので、

イ 当然張ることができないので、

ウ 当然張ってもしかたがないので、

エ 当然張らないではいられないので、〔　〕

3 「求めはべるなり。」（四八・3）とあるが、何を求めているのか。次から選びなさい。 脚問2

ア 立派な扇の骨にふさわしいすばらしい紙。

イ 珍しい扇を使用するにふさわしい立派な人。

ウ 珍しい扇の紙にふさわしいすばらしい骨。

エ 立派な扇にするための珍しい骨と紙。〔　〕

4 「問ひきこえさせたまへば、」（四八・3）とあるが、問うたのは中宮である。主語が中宮であると判断する根拠となる敬語表現を、五字以内で抜き出しなさい。

5 「さては、扇のにはあらで、海月のななり。」（四八・5）について、次の問いに答えなさい。 学習二

第一段落

(1) 清少納言のこの言葉には当意即妙の洒落《しゃれ》が見られる。この洒落を発想するきっかけとなったのはどの言葉か。次から選びなさい。

ア 隆家こそいみじき骨は得てはべれ。

イ いかやうにかある。

ウ すべていみじうはべり。

エ さらにまだ見ぬ骨のさまなり。〔　〕

(2) 「海月のななり。」という発言が当意即妙の洒落となったのは、なぜか。その理由を、十二字以内で答えなさい。

第二段落

6 「かやうのことこそは、かたはらいたきことのうちに入れつべけれど、」（四八・8）について、次の問いに答えなさい。

(1) 「かやうのこと」とは、どのようなことか。次から選びなさい。

ア 清少納言の自慢話めいたこと。

イ 中宮の御前で声高に言い争ったこと。

ウ 扇の骨などのようなつまらないことで論争したこと。

エ 立派な扇に見合う珍しい紙を探したこと。〔　〕

(2) 「かたはらいたきこと」とあるが、清少納言もいささか照れくさく感じるのは、この洒落がどのようなものだからか。「〜にすぎないから。」に続く形で、十三字以内で答えなさい。

にすぎないから。

全体

7 中納言隆家は、どのような性格の人か。十五字以内で簡潔に答えなさい。

学習目標 人々の心情を読み取るとともに、作者の表現の工夫や執筆意図を理解する。

土佐日記（門出）

教科書p.56～p.58

検印

展開の把握

思考力・判断力・表現力

学習二

○次の空欄に適語を入れて、内容を整理しなさい。

段落	内容	展開
第一段落（初め～p.56 ℓ.3）	執筆の意図	○男が書く（ア　　）というものを、（イ　　）の私も書こう。 ある年の十二月二十一日　午後（ウ　　）ごろ出発する。
第二段落（p.56 ℓ.4～p.56 ℓ.7）	門出の状況	土佐の（エ　　）の任期を終え、乗船予定地へ移る。 親しい人々がつめかけ、一日中大騒ぎ。→夜が更けた。
第三段落（p.56 ℓ.8～p.56 ℓ.10）	餞別①	二十二日　海路の（オ　　）を祈願する。 （カ　　）の送別の宴→みな酔いしれる。
第四段落（p.57 ℓ.1～p.57 ℓ.8）	餞別②	二十三日　（キ　　）の餞別。 ○（ク　　）のある者は、他人の見る目など気にせずに、別れの挨拶に来るものだ。
第五段落（p.57 ℓ.9～p.57 ℓ.12）	餞別③	二十四日　（ケ　　）の餞別。 （コ　　）を問わず（サ　　）までが酔い、遊び興じた。
第六段落（p.57 ℓ.13～p.57 ℓ.16）	新任国守の招待	二十五日　（シ　　）の招きに応じて官舎に行く。 一日中詩歌管弦を楽しむ。→夜が明けた。
第七段落（p.58 ℓ.1～終わり）	餞別④	二十六日　まだ（ス　　）にいる。 もてなし、騒ぎ、（セ　　）や和歌をよむ。

語句・文法

知識・技能

1 次の語の意味を調べなさい。

p.56 ℓ.2 ①戌の時（　　）
ℓ.7 ②ののしる（　　）
ℓ.9 ③馬のはなむけ（　　）

2 次の太字の助動詞の意味をあとのア～エからそれぞれ選び、活用形を書きなさい。

p.56 ℓ.1 ①男もす**な**る日記（　・　）
②する**なり**。（　・　）
p.57 ℓ.8 ③船路**なれ**ど（　・　）
ℓ.3 ④あらざ**なり**。（　・　）
ℓ.6 ⑤見えざ**なる**を、（　・　）

ア 断定　イ 存在　ウ 伝聞　エ 推定

3 次の太字の「し」は、あとのア～オのいずれにあたるか。それぞれ選びなさい。

p.56 ℓ.1 ①女も**し**てみむとて、するなり。（　）
ℓ.6 ②とかく**し**つつ、ののしるうちに、（　）
p.57 ℓ.4 ③馬のはなむけ**し**たる。（　）
ℓ.5 ④国人の心の常と**し**て、（　）
ℓ.7 ⑤物によりてほむるに**し**もあらず。（　）
p.58 ℓ.4 ⑥来**し**かひもなく別れぬるかな（　）

ア サ行変格活用動詞「す」の連用形
イ サ行四段活用動詞の連用形活用語尾
ウ 過去の助動詞「き」の連体形
エ 接続助詞「して」の一部
オ 副助詞「しも」の一部

内容の理解　思考力・判断力・表現力

第一段落

1 「男もすなる日記といふものを、女もしてみむとて、するなり。」（五六・1）について、次の問いに答えなさい。

(1) ①「すなる」、②「するなり」の口語訳として適当なものを、それぞれ次から選びなさい。

ア 書いてみよう　イ 書くと聞いている
ウ 書くのである　エ 書くにちがいない
オ 書いたものだろうか

①〔　〕 ②〔　〕

(2) この冒頭の一文から、作者が女性の立場に立ってこの日記を書こうとしていることがわかる。そのことが最もよくわかる叙述を、八字以内で抜き出しなさい。

2 この「門出」の記事には、冒頭文の「すなる」「といふもの」とあるように、事実をぼかした表現・断定しない表現が多く見られる。次の文章の中から、事実をぼかした表現を二つ抜き出しなさい。　▼学習一

それの年の十二月の二十日余り一日の日の戌の時に、門出す。そのよし、いささかにものに書きつく。（五六・1）

〔　〕〔　〕

第二段落

3 「ある人」（五六・4）について、次の問いに答えなさい。

(1) 「ある人」とは誰のことか。

〔　〕

(2) なぜ、「ある人」と第三者から見た表現が使われているのか。その理由を次から選びなさい。

ア 冒頭で自分は女性だと書いた手前、その立場を一貫させるため。
イ 第三者という表現を使うことで、読者の興味をひくため。
ウ 客観的な表現を使うことで、伝え聞いた話であることを示すため。
エ 自分が国守をしていることがわかると都合が悪いため。

〔　〕

4 「別れがたく思ひて」（五六・6）とあるが、誰が誰のことをそう思っているのか。次の空欄に合う言葉を本文中から抜き出しなさい。

〔①〕が〔②〕のことを別れがたく思っている。

①〔　〕 ②〔　〕

第三段落

5 新傾向 次の①②の諧謔《かいぎゃく》（滑稽）表現に該当するものを、それぞれ第三段落中から抜き出しなさい。　▼脚問1

①言葉の矛盾によるおかしみを表したもの。
②掛詞的に言葉を用いて洒落《しゃれ》によるおかしみを表したもの。

①〔　〕 ②〔　〕

第四段落

6 「八木のやすのり」（五七・1）とあるが、作者はこの人物についてどのように思っているか。二十五字以内の現代語で書きなさい。　▼学習二

第五段落

7 「ありとある上・下」(五七・10)とは、どういう意味か。次から選びなさい。

ア 身分の上の人も下の人も
イ 高齢の人も若い人も
ウ 裕福な人も貧しい人も
エ 背の高い人も低い人も

〔　　〕

第六・七段落

8 新任の国守の餞別について、次の問いに答えなさい。

(1)「郎等までに物かづけたり」(五八・1)とあるが、どのような意味か。次から選びなさい。

ア 従者に片づけをさせた。　イ 従者にまで祝儀を与えた。
ウ 従者にまで物を運ばせた。　エ 従者まで被り物をした。

〔　　〕

(2)「主も客も」(五八・2)とあるが、それぞれ誰のことをさしているか。それぞれあてはまる人物をすべて次から選びなさい。 ▼脚問2

ア 「ある人」(五六・4)　イ 「年ごろよくくらべつる人」(五六・6)
ウ 「心ある者」(五七・6)　エ 「こと人」(五八・2)
オ 新任の国守　カ 前の国守

主〔　　〕
客〔　　〕

9 「唐詩はこれにえ書かず。」(五八・3)について、次の問いに答えなさい。

(1)「これ」とは何か。漢字二字で書きなさい。

(2)「え書かず。」の口語訳として適当なものを、次から選びなさい。

ア 少しも書かない。　イ 書くことができない。
ウ まだ書かない。　エ どうして書こうか。

〔　　〕

第六・七段落

(3)「唐詩はこれにえ書かず。」とある理由として適当なものを、次から選びなさい。

ア 即興の朗詠だったため。
イ 漢詩は実際にはよまれなかったため。
ウ 漢詩を聞いていないため。
エ 漢詩に関する知識がないため。

〔　　〕

全体

10 本文中に、作者が自賛している文がある。挿入句（説明句）を含めたその一文を抜き出し、初めの十五字を書きなさい。

11 「藤原のときざね」(五六・8)、「八木のやすのり」(五七・1)、「講師」(五七・9)、「主の守」(五八・3)のそれぞれに対する、作者の敬意について、次の問いに答えなさい。

(1) 作者が敬意を表している人物を次からすべて選びなさい。

ア 藤原のときざね　イ 八木のやすのり
ウ 講師　エ 主の守

〔　　〕

(2) (1)のように判断する理由を簡潔に答えなさい。

12 作者は、女性の立場に立ってこの日記を書いている。その意図として適当でないものを、次から選びなさい。

ア 受領階級という社会的身分から解放された立場で書こうとした。
イ 女性の用いる仮名文字を自由に使って日記を書こうとした。
ウ 女性の立場をとることで自由な人物批評を行おうとした。
エ 女性らしい繊細で優美なみやびの世界を描こうとした。

〔　　〕

学習目標　人々の心情を読み取るとともに、作者の表現の工夫や執筆意図を理解する。

土佐日記（亡児）

教科書p.59

検印

語句・文法　知識・技能

1 次の語の意味を調べなさい。

p.59 ℓ.2 ①いそぎ　〔　　　〕

ℓ.7 ②いづら　〔　　　〕

2 次の太字の係助詞の結びの語を抜き出し、終止形で答えなさい。

p.59 ℓ.3 ①なきのみ**ぞ**、悲しび恋ふる　〔　　　〕

ℓ.7 ②問ふ**ぞ**悲しかりける　〔　　　〕

3 次の太字の「ある」は、あとのア・イのいずれか。それぞれ選びなさい。　▼脚問1

p.59 ℓ.1 ①かく**ある**うちに、　〔　　　〕

ℓ.3 ②**ある**人々もえ堪へず。　〔　　　〕

ℓ.4 ③**ある**人の書きて出だせる　〔　　　〕

ℓ.6 ④また、**ある**ときには、　〔　　　〕

ℓ.7 ⑤**ある**ものと忘れつつ　〔　　　〕

ア　連体詞

イ　ラ行変格活用動詞連体形

展開の把握　思考力・判断力・表現力

○次の空欄に適語を入れて、内容を整理しなさい。

第一段落（初め～終わり）	
亡き女児への追慕	十二月二十七日　〔ア〕から浦戸をめざして漕ぎ出す。 いよいよ〔イ〕の地と離れる船出に際して、この地で急に亡くなった〔ウ〕のことを悲しく思い、恋い慕って、〔エ〕が歌を二首よんだ。 ・懐かしい〔オ〕に帰れるというのに、何か〔カ〕のは、一緒に都に帰らない人があるからだよ。 ・まだ〔キ〕と（死んだことを）忘れて、亡くなった人のことを「どこに（いるんだ）」と人に尋ねてしまうのは、〔ク〕ことだ。

内容の理解　思考力・判断力・表現力

1 「都へと……」（五九・5）の歌について、次の問いに答えなさい。

(1)「都へ」の次に省略されている言葉を、本文中から一語で抜き出しなさい。　〔　　　〕

(2)この歌には、二つの意味を表していると考えられる語句がある。その語句を、一文節で抜き出しなさい。　〔　　　〕

(3)この歌から読み取れる感情を二つ選びなさい。　▼学習一

ア　悲しい　イ　おもしろい

ウ　つまらない　エ　うれしい

オ　いらいらする　〔　　　〕〔　　　〕

2 「あるものと……」（五九・7）の歌について、次の問いに答えなさい。

(1)「ある」とあるが、この言葉と照応して用いられている言葉を歌の中から抜き出しなさい。　〔　　　〕

(2)「忘れつつ」とあるが、何を忘れるというのか。十字以内で説明しなさい。

学習目標　同じ作者の別の文章を読み比べ、二つの文章に共通するものを読み取る。

活動　「亡児」と『土佐日記』「羽根」との読み比べ

教科書 p.59

検印

○「亡児」から約二週間後の出来事について書かれた次の文章を読んで、あとの問いに答えなさい。 ▼活動一

羽根

＊十一日《とをかあまりひとひ》。暁に船を出だして、室津《むろつ》を追ふ。人みなまだ寝たれば、海のありやうも見えず。ただ月を見てぞ、西東《にしひむがし》をば知りける。かかる間に、みな、夜明けて、手洗ひ、＊例のことどもして、昼になりぬ。今し、羽根といふ所に来ぬ。わかき童《わらは》、この所の名を聞きて、「羽根といふ所は、鳥の羽のやうにやある。」と言ふ。まだをさなき童の言なれば、人々笑ふときに、＊ありける女童《をんなわらは》なむ、この歌をよめる。

まことにて名に聞くところ羽ならば飛ぶがごとくに都へもがな

とぞ言へる。男も女も、いかでとく京へもがなと思ふ心あれば、この歌、よしとにはあらねど、げにと思ひて、人々忘れず。この羽根といふ所問ふ童のついでにぞ、また昔へ人を思ひ出でて、いづれの時にか忘るる。今日はまして、母の悲しがらるることは。下りしときの人の数足らねば、＊古歌《ふるうた》に「数は足らでぞ帰るべらなる」といふことを思ひ出でて、人のよめる、

世の中に思ひやれども子を恋ふる①思ひにまさる②思ひなきかな

と言ひつつなむ。

大意　思考力・判断力・表現力

○次の空欄に本文中の語句を入れて、内容を整理しよう。

一月十一日。明け方、船を出して、〔　ア　〕に向かう。

羽根という所にさしかかったとき、小さい子供が、「羽根という所は〔　イ　〕の形をしているのか。」と問い、先日歌をよんだ女の子が羽根という地名に託して、〔　ウ　〕を思う気持ちを歌によんだ。

羽根という所を尋ねた〔　エ　〕を見るにつけ、またも亡くなった女の子のことを思い出して、忘れることなどできないと思う。今日はいつにもまして〔　オ　〕が悲しむ。都から土佐へ下ったときの人々の〔　カ　〕が今は足りないので、〔　キ　〕を思い出して、亡き子を恋しく思う歌を、ある人がよんだ。

語注

＊**十一日**…九三五年（承平五）一月十一日。＊**例のことども**…礼拝や食事など。＊**ありける女童**…一月七日に歌をよんだ童。＊**古歌**…『古今集』に「北へ行く雁《かり》ぞ鳴くなる連れて来《こ》し数は足らでぞ帰るべらなる」（羇旅《きりょ》　よみ人知らず）とある。

内容の理解

思考力・判断力・表現力

1 「まことにて……」の歌について、次の問いに答えなさい。

(1)「まことにて」とあるが、この語句はどの言葉を受けて言ったものか。該当する言葉を、本文中から二十字以内で抜き出しなさい。（句読点も含める）

(2)「都へもがな」とあるが、どういう意味か。次から選びなさい。

ア 都へ帰りたいものだよ　イ 都へ帰ろう
ウ 都へ帰ることができるのか　エ 都へ帰れるだろう　〔　〕

2 「世の中に…」の歌の傍線部①②に「思ひ」とあるが、どのような思いか。適当なものを、それぞれ次から選びなさい。

ア 望郷の思い　イ 妻を慕う思い　ウ 亡児追憶の思い
エ 悲しい思い　オ 孤独な思い　カ 期待する思い
①〔　〕②〔　〕

3 作者は「羽根」の中で、何をきっかけにして亡児のことを思い出しているか。本文中から十二字以内で抜き出しなさい。

4 「亡児」「羽根」の中で、「京にて生まれたりし女子」（五九・1）は、他のさまざまな呼び方で記されている。それぞれの本文中にある呼び名をすべて抜き出しなさい。

亡児〔　〕
羽根〔　〕

5 新傾向 次の文章は「亡児」と「羽根」の二つの文章を読んだ生徒の感想である。本文の内容に合った感想を述べているものを選びなさい。

生徒A：二つの文章からは、土佐の国で急死した女の子に対する母親の愛情がとてもよくわかったな。とくに、その悲しみは、想像を絶するもので、亡くなった女の子と同じぐらいの子供を見ると、格別に悲しくなってしまうものなんだなと思ったよ。「羽根」の最後の歌にあるように、親の子供に対する愛情は本当に深いものなんだね。

生徒B：二つの文章からは、土佐の国で急死した女の子のことを、行く先々で歌によんで思い出していることがよくわかったよ。「亡児」にある「都へと……」の歌では、女の子と一緒に都に帰れない悲しみをよみ、「羽根」にある「まことにて……」の歌では、急死した女の子がよんだ歌を思い出している、これらのことから、当時の人々の歌に対する特別な思いを感じたな。

生徒C：二つの文章からは、親の子供を恋しく思う気持ちが痛いほどわかるね。「亡児」にある「都へと……」の歌のように、いざ都に帰れるというときでも、死んでしまった子供とは一緒に帰れないことを悲しがり、「あるものと……」の歌にあるように死んだ子供が今も生きていると思いたい。親の愛情は子供が亡くなってもいつまでも消えることがないんだね。

生徒D：二つの文章からは、望郷の思いや土佐の地で亡くした女児への追憶の気持ちを、歌によみこむ作者たちの姿が読み取れたよ。特に「羽根」の最後の「世の中に……」の歌は、帰ってくるとき、行くときより人数が減ってしまっているという、作者たちと同じ状況をよんだ古歌の表現を、自分の歌に巧みに引用することで情感を高めていたね。

生徒〔　〕

学習目標 人々の心情を読み取るとともに、作者の表現の工夫や執筆意図を理解する。

土佐日記（帰京）

教科書p.60〜p.61

検印

展開の把握

思考力・判断力・表現力

○次の空欄に適語を入れて、内容を整理しなさい。

第一段落（初め〜 p.60 ℓ.6）	第二段落（p.60 ℓ.7〜p.61 ℓ.1）	第三段落（p.61 ℓ.2〜終わり）
帰京時の状況	亡き女児への追慕	結び
京の地に足を踏み入れてうれしい。わが家に到着して門に入ると、月が明るいので、様子がたいそうよく見える。〔ア　　〕に聞いていた以上に、ひどく〔イ　　〕いたんでいる。預けておいた人の〔ウ　　〕も、家と同様にすさんでいるのであった。一つ〔エ　　〕みたいなものだと、先方が望んで預かり、〔オ　　〕のあるごとにお礼の品も絶えず取らせていたので、人々は〔カ　　〕するが、声高に言わせず、〔キ　　〕だけはしようと思う。	池みたいに〔ク　　〕で、水がたまっている所がある。そのほとりにあった〔ケ　　〕も、一部はなくなっていて、全体的に荒れているのであった。そこに生えている〔コ　　〕を見るにつけ、土佐で亡くした〔サ　　〕を思い出し、悲しみに堪えきれず、互いに気持ちの通じ合う人と歌をよみかわした。	忘れがたく、〔シ　　〕ことも多いが、書き尽くすことができない。いずれにせよ、こんなものは早く〔ス　　〕捨ててしまおう。

語句・文法

知識・技能

1 次の語の意味を調べなさい。

- p.60 ℓ.2 ①こほる〔　　〕
- ℓ.4 ②たより〔　　〕
- ℓ.6 ③こころざし〔　　〕
- ℓ.8 ④かたへ〔　　〕
- ℓ.11 ⑤いかがは〔　　〕

2 次の語を単語に分け、文法的に説明しなさい。

- p.60 ℓ.8 ①千年や過ぎにけむ、〔　　〕
- p.61 ℓ.2 ②くちをしきこと多かれど、〔　　〕

3 次の太字の助動詞の意味と活用形を書きなさい。

- p.60 ℓ.3 ①荒れたるな**けり**。〔　　・　　〕
- ℓ.13 ②生まれ**し**も〔　　・　　〕
- p.61 ℓ.1 ③見**まし**かば〔　　・　　〕
- ℓ.2 ④とく破り**て**む。〔　　・　　〕

内容の理解

思考力・判断力・表現力

第一段落

1 「家に預けたりつる人の心も、荒れたるなりけり。」（六〇・2）について、次の問いに答えなさい。

(1)「人の心も」とあるが、ほかに何が「荒れたるなりけり」か。そのものを、本文中の語で答えなさい。

〔　　　〕

(2) この一文は、助詞の使い方一つで人の心の頼みがたいことを巧みに表した諧謔《かいぎゃく》（滑稽）表現であるとする考え方がある。該当する一文節を抜き出して答えなさい。

〔　　　〕

(3) 第二段落にも諧謔表現が二箇所ある。その箇所を抜き出し、それぞれ初めと終わりの三字で答えなさい。（句読点も含める）

〔　　　〕

2 『今宵、かかること。』と、声高にものも言はせず。」（六〇・5）について、次の問いに答えなさい。

(1)「かかること」とは、どのような事柄か。本文中からそれを言い表している一文を抜き出し、初めと終わりの三字で答えなさい。（句読点も含める）

(2)「声高にものも言はせず。」とあるが、①誰が、②誰に、言わせないのか。それぞれ次から選びなさい。

▼脚問1

ア　隣家の主人　イ　従者　ウ　女児
エ　心知れる人　オ　作者

①〔　　〕②〔　　〕

第二段落

3 「生まれしも……」（六〇・13）の歌について、次の問いに答えなさい。

(1)「小松」は何を暗示しているか。本文中から十二字以内で抜き出しなさい。

▼学習二

(2)「小松」は「悲しさ」を呼び起こす契機となっているが、この「悲しさ」をさらにつのらせる光景を、本文中から十五字で抜き出しなさい。

第二段落

4 「見し人の……」（六一・1）の歌には、どのような心情が表れているか。次から選びなさい。

▼学習二

ア　松の永遠性をうらやましく思っている。
イ　人の心の頼みがたさを残念に思っている。
ウ　子を失った悲しみに深く沈んでいる。
エ　遠く離れた土佐の人々を懐かしんでいる。

〔　　〕

全体

5 新傾向　次の生徒の感想を読んで、空欄にあてはまる言葉を、あとにある条件に従って書きなさい。

▼学習一

この文章の第一段落と第二段落とでは、作者の感情に違いがあるように感じます。第一段落からは〔　①　〕や〔　②　〕が感じられますが、第二段落では〔　③　〕のみが目立っているので、自分の家に帰り着き、懐かしいものを見ると私的な感情がこみ上げるのだなと思いました。

（条件）・「帰京」「主人」「亡児」をそれぞれの空欄に一つずつ使うこと。
・それぞれの空欄のあてはまる言葉は十字以内とすること。

①
②
③

学習目標　古文を読解するための基礎知識として、助動詞・助詞のはたらきを習得する。

古文を読むために4・5

教科書p.50～p.53・p.63～p.64

検印

基本練習　知識・技能

1 次の傍線部の助動詞の基本形（終止形）を書き、意味をあとから選びなさい。

①筒井筒井筒にかけしまろが丈（三・9）〔　・　〕

②聞きしにも過ぎて、尊くこそおはしけれ。（徒然草・五二段）〔　・　〕

ア 過去　イ 詠嘆

2 次の傍線部の助動詞の基本形（終止形）を書き、意味をあとから選びなさい。

①百千の家も出で来なむ。（一七・4）〔　・　〕

②一声呼ばれていらへむと、念じて寝たるほどに、（一三・1）〔　・　〕

③諸国の受領たりしかども、（七九・6）〔　・　〕

④古人も多く旅に死せるあり。（一〇六・2）〔　・　〕

⑤春日なる三笠の山に出でし月かも（九四・6）〔　・　〕

⑥人待つなめりと見るに、（三七・1）〔　・　〕

⑦みな人は花の衣になりぬなり（九五・5）〔　・　〕

ア 完了　イ 強意（確述）　ウ 存続　エ 断定
オ 存在　カ 推定　キ 伝聞

3 次の傍線部の助動詞の基本形（終止形）を書き、意味をあとから選びなさい。

①心あらん友もがな（七一・1）〔　・　〕

②この柑子《かうじ》の喜びをばせんずるぞ。（宇治拾遺物語・九六）〔　・　〕

③春立つ今日の風やとくらむ（九三・2）〔　・　〕

④昔は聞きけんものを、（八一・3）〔　・　〕

留意点

助動詞は活用のある付属語であり、意味とともに活用を覚えることも重要である。助動詞の活用には、いくつかの「活用の型」があるため、それを意識すると理解がしやすい。

●助動詞の活用の型と活用表

①四段型…む・らむ・けむ

基本	未然	連用	終止	連体	已然	命令
	a	i	u	u	e	e
む〈ん〉	（ま）	○	む〈ん〉	む〈ん〉	め	○

②下二段型…つ・る・らる・す・さす・しむ

基本形	未然	連用	終止	連体	已然	命令
	e	e	u	uる	uれ	eよ
る	れ	れ	る	るる	るれ	れよ

③ナ変型…ぬ

基本形	未然	連用	終止	連体	已然	命令
ぬ	な	に	ぬ	ぬる	ぬれ	ね

④ラ変型…けり・たり〈完了〉・り・めり・なり〈推定〉

基本形	未然	連用	終止	連体	已然	命令
り	ら	り	り	る	れ	（れ）

⑤サ変型…むず

⑤この戒め、万事にわたるべし。（六七・2）〔　・　〕

⑥すでに頽廃空虚《たいはいくうきょ》の草むらとなるべきを、（一〇八・12）〔　・　〕

ア 推量　イ 意志　ウ 婉曲
エ 当然　オ 現在推量　カ 過去推量

4 次の傍線部の助動詞の基本形（終止形）を書き、意味をあとから選びなさい。

①まことにかばかりのは見えざりつ。（四八・5）〔　・　〕

②恋せじと御手洗川《みたらしがわ》にせしみそぎ（古今集・恋一 五〇一）〔　・　〕

③おぼろけの紙はえ張るまじければ、（四八・2）〔　・　〕

ア 打消　イ 打消当然　ウ 打消意志

5 次の傍線部の助動詞の基本形（終止形）を書き、意味をあとから選びなさい。

①ある人に誘はれたてまつりて、（七三・1）〔　・　〕

②心なき身にもあはれは知られけり（九七・6）〔　・　〕

③恐ろしくて寝《い》も寝《ね》られず。（更級日記・門出）〔　・　〕

④鎌倉殿までも知ろしめされたるらんぞ。（八五・4）〔　・　〕

ア 自発　イ 可能　ウ 受身　エ 尊敬

6 次の傍線部の助動詞の基本形（終止形）を書き、意味をあとから選びなさい。

①君はあの松原へ入らせたまへ。（八三・16）〔　・　〕

②髪上げさせ、裳着《もき》す。（三一・1）〔　・　〕

ア 使役　イ 尊敬

7 次の傍線部の助動詞の基本形（終止形）を書き、意味をあとから選びなさい。

①松の千年に見ましかば遠く悲しき別れせましや（六一・1）〔　・　〕

②扇を広げたるがごとく末広になりぬ。（方丈記・安元の大火）〔　・　〕

③常に聞きたきは、琵琶《びは》、和琴《わごん》。（徒然草・一六段）〔　・　〕

ア 願望　イ 比況　ウ 反実仮想

基本形	未然	連用	終止	連体	已然	命令
むず〈んず〉	○	○	むず〈んず〉	むずる〈んずる〉	むずれ〈んずれ〉	○

⑥形容詞型　ク活用型…べし・たし・ごとし
シク活用型…まじ・まほし

基本形	未然	連用	終止	連体	已然	命令
べし	べく べから	べく べかり	べし	べき べかる	べけれ	○
まほし	まほしく まほしから	まほしく まほしかり	まほし	まほしき まほしかる	まほしけれ	○

⑦形容動詞型　ナリ活用型…なり〈断定〉・やうなり
タリ活用型…たり〈断定〉

基本形	未然	連用	終止	連体	已然	命令
なり	なら	なり に	なり	なる	なれ	（なれ）
たり	たら	たり と	たり	たる	たれ	（たれ）

⑧特殊型　特別の型…き・ず・まし
無変化型…じ・らし

基本形	未然	連用	終止	連体	已然	命令
き	（せ）	○	き	し	しか	○
ず	ず ざら	ず ざら	ず	ぬ ざる	ね ざれ	ざれ

8 次の空欄にあてはまる助詞の種類を書きなさい。

助詞
- 関係を示す
  - 体言や連体形などに付いて、資格を示す……①〔　　〕
  - 活用語に付いて、接続を示す……②〔　　〕
- 意味を添える
  - 種々の語に付いて
    - 副詞のように下の言葉にかかる……③〔　　〕
    - 文末に一定の言い方を要求する……④〔　　〕
  - 文末に付く……⑤〔　　〕
  - 文中・文末に付く……⑥〔　　〕

9 次の傍線部の接続助詞の意味をあとから選びなさい。

①久しからずして、亡じにし者どもなり。（七六・6）〔　　〕
②扇のにはあらで、海月《くらげ》のなり。（四八・6）〔　　〕
③ただ食ひに食ふ音のしければ、ずちなくて、（一三・4）〔　　〕
④親のあはすれども、聞かでなむありける。（三一・6）〔　　〕

ア　打消接続　　イ　単純接続
ウ　逆接の確定条件　　エ　順接の確定条件

10 次の傍線部の副助詞の意味をあとから選びなさい。

①物は破れたるところばかりを修理して用ゐることぞ（徒然草・一八四段）〔　　〕
②仏だによく描きたてまつらば、（一七・4）〔　　〕
③金鶏山のみ形を残す。（一〇八・2）〔　　〕
④名にし負はばいざこと問はむ都鳥（三〇・6）〔　　〕
⑤飛び急ぐさへ、あはれなり。（四四・8）〔　　〕
⑥梨《なし》の花、……はかなき文つけなどだにせず、（枕草子・木の花は）〔　　〕
⑦かしかましきまでぞ鳴く。（枕草子・鳥は）〔　　〕

ア　類推　　イ　最小限の限定　　ウ　添加

助詞は活用のない付属語である。助詞には、格助詞・接続助詞・係助詞・副助詞・終助詞・間投助詞の六種類がある。ここでは、いくつか代表的なものを取り上げたい。

●格助詞

【が・の】

①主格（……が・……の）　②連体修飾格（……の）
③体言の代用（……の・……のもの・……のこと）
扇のにはあらで、海月のなり。（一六四・6）
訳 扇のもの（骨）ではなく、くらげのもの（骨）のようだ。
④同格（……で）
大きなる柑子の木の、枝もたわわになりたるが、（徒然草・一一段）
訳 大きなみかんの木で、枝も曲がるほどに実っているみかんの木が、
⑤比喩（……のように）
松の千年に見ましかば（六一・1）
訳 松のように千年の齢を保っていたら、

●副助詞

【だに】

①程度の軽いものを示して、より程度の重いものを類推（……さえ）
いづれの人と名をだに知らず、（徒然草・三〇段）

エ　強意　オ　程度　カ　限定

11 **次の傍線部の意味をあとから選びなさい。**

①「これなむ都鳥。」と言ふを聞きて、（三〇・4）〔　　〕
②もののつきたまへるか。（一七・1）〔　　〕
③待ちけるかともぞ思ふ。（一三・1）〔　　〕
④男も女も恥ぢかはしてありけれど、（三一・3）〔　　〕
⑤あとまで見る人ありとは、いかでか知らん。（七三・10）〔　　〕
⑥よろづのことも、初め終はりこそをかしけれ。（七〇・8）〔　　〕

ア　並列　イ　強意　ウ　疑問　エ　反語　オ　不安（危惧）

12 **次の傍線部の係助詞の結びの語を抜き出し、活用形を答えなさい。**

①鳶《とび》のゐたらんは、何かは苦しかるべき。（徒然草・一〇段）〔　　・　　〕
②かうこそ燃えけれと、心得つるなり。（一七・3）〔　　・　　〕

13 **次の〔　　〕内の語を、適当な活用形に改めなさい。**

①恋ひつつぞ〔経〕（三三・5）〔　　〕
②歌をなむよみて出だしたり〔けり〕。（三四・4）〔　　〕

14 **次の傍線部の終助詞の意味をあとから選びなさい。**

①卯《う》の花に兼房《かねふさ》見ゆる白毛《しらが》かな（一〇八・9）〔　　〕
②「一つな落としそ。」（四八・9）〔　　〕
③いつしか梅咲かなむ（更級日記・梅の立ち枝）〔　　〕
④互ひによいかたきぞ。（八一・7）〔　　〕

ア　禁止　イ　願望　ウ　詠嘆　エ　念押し

15 **次の傍線部の間投助詞の意味をあとから選びなさい。**

①夏草やつはものどもが夢の跡（一〇八・8）〔　　〕
②楽しくをあらな（万葉集・巻三　三四九）〔　　〕

ア　詠嘆　イ　整調

訳どこの人か名前さえ知らず、

②最小限の限定（せめて……だけでも）

昇らむをだに見送りたまへ。（竹取物語・昇天）

訳せめて昇るのだけでもお見送りなさってください。

【すら】

①一つのものを示して、それ以外を類推（……さえ）

聖《ひじり》などすら前《さき》の世のこと夢に見るは、いとかたかなるを（更級日記・宮仕へ）

訳高僧などでさえ前世のことを夢に見るのは、とても難しいと聞いているのに

【さへ】

①添加（……までも）

神さへいといみじう鳴り、（三六・4）

訳雷までもひどく鳴り、

●終助詞

【ばや】

①自己の願望（……たい）

消えも失せばや。（平家物語・大原御幸）

訳消え失せたい。

【なむ】

①他に対する願望（……てほしい）

はや夜も明けなむと思ひつつ（三六・6）

訳早く夜も明けてほしい。

学習目標 本文中の出来事やたとえを読み解き、作者の主張を捉える。

徒然草（ある人、弓射ることを習ふに）

教科書p.66〜p.67

検印

展開の把握

思考力・判断力・表現力

1 **〔序段〕次の空欄に漢字二字の適語を入れて、内容を整理しなさい。** ▼学習一

第一段落		
つれづれなるままに、	〔ア　〕	〔イ　〕なく心閑《しず》かなのにまかせて、
日暮らし硯に向かひて、	態勢	〔ウ　〕机の前に座って筆を執り、
心にうつりゆくよし……	〔エ　〕	心に次々と浮かぶ種々〔オ　〕な事を
そこはかとなく書き……	手法（態度）	〔カ　〕と書きつけていくと、
あやしうこそものぐ……	心境	異常に〔キ　〕が高まるのを感じる。

2 **〔ある人、弓射ることを習ふに〕次の空欄に漢字二字の適語を入れて、内容を整理しなさい。** ▼学習一

第一段落（初め〜 p.67 ℓ.3）		第二段落（p.67 ℓ.4〜終わり）	
弓の師の戒め		修学の心得	
実例	感想	実態	反省
ある人が、弓の稽古をするときに、先生は、「〔ア　〕者は〔イ　〕の矢を持ってはならぬ、〔ウ　〕だけ持って、それで勝負を決めようと思え。」と注意した。	この教訓は、〔エ　〕にあてはまるであろう。	道を修めようとする者は、次の〔オ　〕にやりなおすことをあてにして、今の一瞬のなまけ心を自覚していない。	現在の一瞬に、すぐさま〔カ　〕しなくてはならない。

語句・文法

知識・技能

1 **次の語の意味を調べなさい。**

p.66 ℓ.3 ①頼む〔　〕
ℓ.4 ②なほざりなり〔　〕
p.67 ℓ.1 ③おろかなり〔　〕
ℓ.6 ④ねんごろなり〔　〕
ℓ.9 ⑤かたし〔　〕

2 **次の太字の動詞は、あとのア〜カのいずれにあたるか。それぞれ選べ。**

p.66 ℓ.1 ①諸矢を**たばさみ**て〔　〕
ℓ.5 ②この一矢に**定む**べしと思へ。〔　〕
p.67 ℓ.4 ③道を**学する**人、〔　〕
④夕べには朝**あら**んことを思ひ、〔　〕

ア　四段活用動詞　イ　上一段活用動詞
ウ　上二段活用動詞　エ　下二段活用動詞
オ　ラ行変格活用動詞　カ　サ行変格活用動詞

3 **次の太字の助動詞の意味を、あとのア〜ケからそれぞれ選びなさい。（同じ記号を二度選んでよい）**

p.66 ℓ.5 ①この一矢に定む**べし**と思へ。〔　〕
p.67 ℓ.1 ②おろかにせ**ん**と思はんや。〔　〕
ℓ.2 ③この戒め、万事にわたる**べし**。〔　〕
ℓ.6 ④ねんごろに修せ**ん**ことを期す。〔　〕
ℓ.7 ⑤懈怠の心あることを知ら**ん**や。〔　〕

ア　推量　イ　意志　ウ　打消
エ　命令　オ　可能　カ　当然
キ　婉曲　ク　仮定　ケ　予定

内容の理解

思考力・判断力・表現力

全体

〔序段〕

1 「つれづれなる」（六六・序）とは、どのような心境か。次から選びなさい。

ア　特別することもなく、手持ち無沙汰で余裕のある自由な心境。

イ　遊ぶ相手もなく楽しみもないことからくる、空虚で満たされない心寂しい心境。

ウ　うれしいにつけ、悲しいにつけ、人物や自然や書物などにふれて、深く感動している心境。

エ　正気を失ったかのように、何か異常に心が高ぶって、普通ではなくなる心境。

〔　　〕

2 作者は執筆する素材や態度について、「よしなしごとを、そこはかとなく書きつくれば、」（六六・序）と述べているが、この表現には外見上、どのような気持ちが表れているか。八字以内で答えなさい。

▼学習一

第一段落

〔ある人、弓射ることを習ふに〕

3 「自ら知らずといへども、師これを知る。」（六七・1）について、次の問いに答えよ。

(1)「自ら知らず」とは、どういう意味か。次から選べ。

ア　たまたま忘れていた　　イ　これまで経験していない

ウ　自分では気づかない　　エ　もしも知らない

〔　　〕

(2)「これ」について、「師」は、その言葉の中ではどのように表現しているか。本文中から六字で抜き出せ。

4 「この戒め」（六七・2）は、どういうことか。三十字以内で説明しなさい。

第一段落

5 第二段落では、第一段落の例話を受けて論が展開されている。このことをふまえて、次の問いに答えなさい。

(1)「初心の人」（六六・2）は、第二段落の論の中では、どの語句と対応するか。本文中から六字で抜き出しなさい。

▼学習二

第二段落

(2)「重ねてねんごろに修せんことを期す。」（六七・5）は、第一段落の例話でいえば、どのようなことにあたるか。本文中から七字で抜き出しなさい。

6 第二段落に対句が用いられている。本文中から該当する箇所を抜き出しなさい。

〔　　〕

全体

7 第一段落の構成は、どれが適当か。次から選びなさい。

ア　一般から特殊へ　　イ　特殊から一般へ

ウ　抽象から具体へ　　エ　理論から事実へ

〔　　〕

8 第一段落の弓の例話から導き出される戒めを一般的に言い換えると、どういうことになるか。文末を命令形にして、十五字以内で答えなさい。

9 本文の主題の眼目となる言葉は、何か。本文中から四字で抜き出しなさい。

学習目標　本文中の出来事を読み解き、作者の主張を捉える。

徒然草（丹波に出雲といふ所あり）

教科書p.68～p.69

検印

展開の把握　思考力・判断力・表現力

○次の空欄に適語を入れて、内容を整理しなさい。

第一段落（聖海上人の失敗談）			
初め～ p.68 ℓ.4（信おこしたり。）	p.68 ℓ.4（御前なる）～ p.68 ℓ.10（など言ふに、）	p.68 ℓ.10（上人なほ）～ p.69 ℓ.3（いにければ、）	p.69 ℓ.3（上人の感涙いたづらになりにけり。）
起 神社への参詣	承 聖海上人の感激	転 どんでん返し	結 閉口する上人
しだのなにがしという人に誘われた〔ア　〕たち一行が、 〔イ　〕の国　出雲神社に参詣した。 ・神社の立派さに深く感動。 →〔ウ　〕を起こす。	〔エ　〕の前 →後ろ向きに〔オ　〕と〔カ　〕が立つ。 聖海上人 深い〔キ　〕があると思い込む。 たいそう〔ク　〕して涙ぐむ。 同行の人々にまで呼びかけて、わざわざ注目させる。 同行の人々 見て不思議がった。	聖海上人 なおも〔ケ　〕を知りたがる。 ←（尋ねる） 〔コ　〕 手に負えない〔サ　〕がしたこと。 →置き直して行ってしまった。	気負いこんでいた聖海上人の〔シ　〕の涙 ← 〔ス　〕になる。

語句・文法　知識・技能

1 次の語の意味を調べなさい。

① めでたし〔　〕 p.68 ℓ.1
② 領る〔　〕 ℓ.2
③ ゆゆし〔　〕 ℓ.4
④ ゆかしがる〔　〕 ℓ.11
⑤ さがなし〔　〕 p.69 ℓ.1

2 次の太字の敬語を敬意のない動詞にそれぞれ改め、終止形で答えなさい。

① かいもちひ**召さ**せん。〔　〕 p.68 ℓ.3
② **御覧じ**とがめずや。〔　〕 ℓ.7
③ ちと**承ら**ばや。〔　〕 p.69 ℓ.1
④ 童べどもの**つかまつり**ける〔　〕

3 次の太字の「なり」は、あとのア～オのいずれにあたるか。それぞれ選びなさい。

① むげ**なり**。〔　〕 p.68 ℓ.8
② 奇怪に候ふこと**なり**。〔　〕 p.69 ℓ.2
③ いたづらに**なり**にけり。〔　〕 ℓ.3

ア　ラ行四段活用動詞　イ　断定の助動詞
ウ　推定の助動詞　エ　伝聞の助動詞
オ　ナリ活用形容動詞活用語尾

4 次の太字の助動詞「けり」は、あとのア・イのいずれにあたるか。それぞれ選びなさい。

① まことに他に異なり**けり**。〔　〕 p.68 ℓ.9
② 感涙いたづらになりに**けり**。〔　〕 p.69 ℓ.3

ア　過去　イ　詠嘆

内容の理解

思考力・判断力・表現力

起

1 「人あまた誘ひて、」（六八・2）とあるが、主語は誰か。本文中の呼称で答えなさい。 ▼脚問1

〔　　〕

2 「ゆゆしく信おこしたり。」（六八・4）とあるが、聖海上人の感動が次第に高まっていく様子を表している語句三つを、それより後の地の文からそれぞれ七字以内で抜き出しなさい。 ▼学習一

承

3 「上人いみじく感じて、」（六八・5）とあるが、背中合わせの獅子・狛犬を見て上人が感激した理由を十五字以内で説明しなさい。

4 「むげなり。」（六八・8）とあるが、何を「あんまりだ」と言っているのか。次から選びなさい。

ア　神官が獅子と狛犬を背中合わせのままにしていること。

イ　獅子と狛犬とが背中合わせになっていることに気づかないこと。

ウ　丹波の出雲神社にこれまで誰も参詣しなかったこと。

エ　丹波の出雲神社に信心を起こさないこと。

〔　　〕

転

5 「おとなしくもの知りぬべき」（六八・11）とは、どのような意味か。次から選びなさい。

ア　口数が少なくあまりものを知りそうにない

イ　温厚だが知識はなさそうな

ウ　年配で確かにものをよく知っていそうな

エ　もの静かでいかにも教養のありそうな

〔　　〕

結

6 「上人の感涙いたづらになりにけり。」（六九・3）とあるが、なぜそうなったのか。次から選びなさい。

ア　上人が涙ぐむ原因になった獅子・狛犬のことは、上人の無能さを暴露するためのものであったから。

イ　上人が涙ぐむ原因となった獅子・狛犬のことは、ひとえに子供たちをこらしめるためのものであったから。

ウ　上人が涙ぐむ原因となった獅子・狛犬のことは、単なる子供たちのいたずらによるものであったから。

エ　上人が涙ぐむ原因となった獅子・狛犬のことは、上人たちを珍しがらせて喜ばせるためのものであったから。

〔　　〕

全体

7 新傾向 次の文は、この文章を読んだ生徒の感想である。文章の内容を正しく捉えて感想を述べているものをすべて選び、記号で答えなさい。

生徒A：聖海上人を笑い者にするため、出雲拝みが企てられたんだね。

生徒B：「この御社の獅子の立てられやう、」（六八・13）の「立てられやう」は、「立てやう」の間に尊敬の助動詞「らる」の連用形が入ったものだから、「お立てになるやりかた」と訳すのが正しいよね。

生徒C：「……ちと承らばや。」（六九・1）という上人の問いかけには、「よくそこに気がつきましたね。」という神官の称賛の言葉を期待して、鼻うごめかしている様子が感じられるよ。

生徒D：作者兼好も一行とともに出雲拝みに参加していたので、聖海上人の感激ぶりを苦々しく思って見ているんだね。

生徒〔　　〕

8 上人の失敗はどのような点にあったか。次から選びなさい。

ア　形だけを見てひとりよがりに判断した点。

イ　人の思惑を無視した独断的な点。

ウ　すぐれたものに目をつぶろうとするかたくなさ。

エ　調子に乗りすぎて油断してしまった点。

〔　　〕

学習目標　本文中の出来事やたとえを読み解き、作者の主張を捉える。

徒然草（花は盛りに）

教科書p.70～p.71

検印

展開の把握　思考力・判断力・表現力

○次の空欄に適語を入れて、内容を整理しなさい。　▶学習一

段落	尊重	項目	内容
第一段落（初め～p.70 ℓ.7）	余情の尊重	主題	満開の桜や〔ア　〕のない満月だけが〔イ　〕すべきものだとは限らない。
		細論（月と花）	月や桜を見ないで過ごすのや、〔ウ　〕前の桜や、桜が散ってしまった〔エ　〕などに趣があるのだが、その情趣を解さない人もいる。
第二段落（p.70 ℓ.8～p.71 ℓ.1）	初め・終わりの尊重	主題	すべて、物事は〔オ　〕のときよりも、初めと終わりが趣のあるものだ。
		細論①（しのぶ恋）	〔カ　〕の仲も、〔キ　〕ていて思いやるのが、〔ク　〕の情趣を理解するといえる。
		細論②（有明の月）	月にしても、満月を眺めるよりは、〔ケ　〕近くに出た月が〔コ　〕の杉の梢に見えるのや、むら雲隠れのさまなどに、趣がある。
第三段落（p.71 ℓ.2～終わり）	心眼の尊重	主題	総じて、月や桜は〔サ　〕だけで見るものではなく、〔シ　〕で味わうものである。

語句・文法　知識・技能

1 次の語の読みを現代仮名遣いで書きなさい。

- p.70 ℓ.2 ①行方〔　〕
- ②梢〔　〕
- ℓ.3 ③詞書〔　〕
- ℓ.10 ④雲居〔　〕
- ℓ.11 ⑤望月〔　〕
- ℓ.12 ⑥暁〔　〕
- p.71 ℓ.3 ⑦閨〔　〕

2 次の語の意味を調べなさい。

- p.70 ℓ.2 ①あはれなり〔　〕
- ℓ.4 ②さはる〔　〕
- ℓ.6 ③かたくななり〔　〕
- ℓ.9 ④あふ〔　〕
- ⑤あだなり〔　〕
- ⑥かこつ〔　〕
- p.71 ℓ.3 ⑦たのもし〔　〕

3 次の太字の係助詞「こそ」の結びの語を抜き出し、終止形で答えなさい。

- p.70 ℓ.3 ①庭など**こそ**、見どころ多けれ。〔　〕
- ℓ.8 ②初め終はり**こそ**をかしけれ〔　〕
- ℓ.10 ③しのぶ**こそ**、色好むとは言はめ。〔　〕
- ℓ.14 ④**こそ**、……都恋しうおぼゆれ。〔　〕

4 次の太字の助動詞「ぬ」の文法的意味を答えなさい。

- p.70 ℓ.2 ①春の行方知ら**ぬ**も、〔　〕
- ②咲き**ぬ**べきほどの梢、〔　〕

内容の理解

思考力・判断力・表現力

第一段落

1 「花は盛りに、月はくまなきをのみ見るものかは。」（七〇・1）について、次の問いに答えなさい。

(1) 「のみ」を省くと意味はどのように変わるか。次から選びなさい。

ア 盛りの花、くまなき月の美しさだけを肯定することになる。
イ 盛りの花、くまなき月の美しさを否定することになる。
ウ 盛りの花、くまなき月の美しさの片方を否定することになる。
エ 盛りの花、くまなき月の美しさを認めた上で、別種の美しさを提示することになる。

〔　　〕

(2) 第二段落に、これを端的に一般論化した文がある。その一文の初めの五字を抜き出しなさい。

第二段落

2 「男・女の情け」（七〇・8）について、①作者が「盛り」であると考えていること、②作者が「をかし」と考えていることを、それぞれ一つずつ現代語で書きなさい。 ▼学習一

①〔　　〕
②〔　　〕

3 「待ち出でたる」（七〇・12）とあるが、このあとにはどんな言葉が省略されているか。漢字で書きなさい。 ▼脚問1

〔　　〕

4 「心あらん友もがなと、都恋しうおぼゆれ。」（七一・1）について、次の問いに答えなさい。

(1) 「心あらん友もがな」とは、どのような意味か。次から選びなさい。

ア 歌よみの友はどうしているのかなあ
イ 思いやりのある友がいないなあ
ウ 思慮分別のある友となりたいなあ
エ 情趣を解する友がいればよいのになあ

〔　　〕

(2) 作者はどこにいるのか。その居場所を漢字二字で答えなさい。

第三段落

5 「春は家を立ち去らでも、」（七一・2）は、どの文節にかかっているか。五字以内で答えなさい。

全体

6 この文章の主旨として適当なものは、どれか。次から選びなさい。

ア 物事の見所は、その絶頂だけではない。
イ 物事の真のよさは、隠れたところにあるものだ。
ウ 何事も、過ぎたるは及ばざるがごとしである。
エ 何事もおもしろいのは、最初と最初だけだ。

〔　　〕

7 新傾向 次の出来事の中から、この文章の主旨に合っているものをすべて選びなさい。

ア 初日の出の瞬間をカメラに収め、満足すること。
イ 来週行く旅行を行程や見所などを調べながら心待ちにすること。
ウ 録画した映画の好きな場面だけを何度も繰り返し見ること。
エ パレードの行列が目の前を通り過ぎるのを最前列で見て楽しんだあと、さっさと家に帰ってゆっくりすること。
オ 文化祭の片づけをしながら、文化祭での出来事を思い出して楽しい気分になること。

〔　　〕

学習目標　本文中の出来事を読み解き、作者の主張を捉える。

徒然草（九月二十日のころ）

教科書p.72～p.73

検印

展開の把握　思考力・判断力・表現力

○次の空欄に適語を入れて、内容を整理しなさい。

段落	内容	区分	本文
第一段落（初め～ p.72 ℓ.4）	住居への感動	発端	九月二十日のころ、ある貴い方のお供をして〔ア　　〕を見て歩いたとき、〔イ　　〕に取り次ぎを請わせて、ある家にお入りになった。
		展開	荒れた庭に、〔ウ　　〕のためにわざわざ準備したとも思われない〔エ　　〕の匂いがしっとりと香っており、〔オ　　〕に立たないようにして住んでいる様子は、何ともいえずしみじみと趣深い。
第二段落（p.72 ℓ.5～終わり）	人への感動	最高潮	ほどよい時間でその方は家を出てこられたが、住む人の様子が〔カ　　〕に思われたので、私は〔キ　　〕からしばらく見ていた。すると、その家の女性は、貴人を送り出したあと、さらに〔ク　　〕を少し押し開いて〔ケ　　〕を見ている様子である。
		結び	客を送り出したあと、すぐに引きこもったのだったら、〔コ　　〕に思われたことであろう。あとまで見る人がいるとは知らないのだから、このような振る舞いは、ただ〔サ　　〕の心がけによるものであろう。
		添加	その女性は、まもなく〔シ　　〕と聞きました。

語句・文法　知識・技能

1 次の語の読みを書きなさい。

p.72
- ℓ.1 ①九月〔　　〕
- ℓ.7 ②妻戸〔　　〕

2 次の語の意味を調べなさい。

p.72
- ℓ.3 ①しめやかなり〔　　〕
- ℓ.6 ②優なり〔　　〕
- ℓ.8 ③けしき〔　　〕
- ℓ.9 ④やがて〔　　〕
- ℓ.10 ⑤くちをし〔　　〕

3 次の太字の語の敬語の種類は、あとのア～ウのいずれにあたるか。それぞれ選びなさい。

p.72
- ℓ.1 ①誘はれ**たてまつり**て、〔　　〕
- ②月見ありくこと**はべり**しに、〔　　〕
- ℓ.2 ③入り**たまひ**ぬ。〔　　〕
- ℓ.14 ④聞き**はべり**し。〔　　〕

ア　尊敬　　イ　謙譲　　ウ　丁寧

4 次の太字の助動詞の意味をあとのア～ケからそれぞれ選び、活用形を書きなさい。

p.72
- ℓ.1 ①誘は**れ**たてまつりて、〔　　・　　〕
- ℓ.2 ②案内せ**させ**て〔　　・　　〕
- ℓ.5 ③出でたまひ**ぬれ**ど、〔　　・　　〕
- ℓ.9 ④かけこもら**ましか**ば、〔　　・　　〕
- ℓ.11 ⑤いかでか知ら**ん**。〔　　・　　〕

ア　推量　　イ　意志　　ウ　尊敬
エ　使役　　オ　受身　　カ　完了
キ　過去　　ク　迷い　　ケ　反実仮想

内容の理解

思考力・判断力・表現力

全体

1 次の①〜⑥の傍線部の主語は誰か。あとのア〜エの中からそれぞれ選びなさい。

① おぼし出づる所ありて、（七二・2）

② 案内せさせて入りたまひぬ。（七二・2）

③ しのびたるけはひ、（七二・3）

④ なほ事ざまの優におぼえて、（七二・6）

⑤ 物のかくれよりしばし見ゐたるに、（七二・6）

⑥ 妻戸をいま少し押し開けて、（七二・7）

ア　ある人　イ　従者　ウ　その人　エ　作者

①〔　〕②〔　〕③〔　〕④〔　〕⑤〔　〕⑥〔　〕

第一段落

2 「九月二十日のころ、」（七二・1）について、次の問いに答えなさい。

(1) 旧暦でいうと、どの季節にあたるか。次から選びなさい。

ア　初秋　イ　仲秋　ウ　晩秋　エ　初冬

〔　〕

(2) この季節をよく示していると思われる叙述があとにある。本文中から十字以内で抜き出しなさい。

3 「誘はれたてまつりて、」（七二・1）について、次の問いに答えなさい。

(1) どのような意味か。口語訳として適当なものを、次から選びなさい。

ア　お誘いを受けて　イ　誘われてしまって

ウ　お誘いに乗って　エ　お誘いを願って

〔　〕

(2) 「ある人」が作者よりも高貴だということが、どの言葉によってわかるか。抜き出して、終止形で答えなさい。学習一

〔　〕

4 「明くるまで月見ありくことはべりしに、」（七二・1）とあるが、「ありく」は口語の「歩く」と少し意味を異にする。ここでは、どのような意味で用いているか。その意味を六字以内で答えなさい。

第二段落

5 「かやうのことは、ただ朝夕の心づかひによるべし。」（七二・11）について、次の問いに答えなさい。学習二

(1) 「かやうのこと」とは、どのようなことか。「こと。」に続く形で、本文中の十七字以内の言葉を入れて答えなさい。脚問1

こと。

(2) 「かやうのこと」に作者が感じ取っているのは、どのようなことか。次から選びなさい。

ア　貧乏　イ　優雅　ウ　孤独　エ　自由

〔　〕

(3) 第一段落にも「朝夕の心づかひ」の表れているところがある。その箇所を抜き出し、初めと終わりの五字で答えなさい。（句読点も含める）

〜

6 「聞きはべりし。」（七二・14）と、連体形の余情表現で文末を結んだのは、なぜか。三十字以内で説明しなさい。

全体

7 この文章の説明としてどれが適当か。次から選びなさい。

ア　随筆的　イ　評論的

ウ　短編小説的　エ　韻文的

〔　〕

学習目標　和漢混交文の特徴や表現の工夫を理解するとともに、当時の人々の考え方を捉える。

平家物語（祇園精舎）

教科書p.78～p.79

検印

展開の把握　思考力・判断力・表現力

○次の空欄に適語を入れて、内容を整理しなさい。

第一段落（初め～ p.78 ℓ.3）	第二段落（p.78 ℓ.4～p.78 ℓ.10）	第三段落（p.79 ℓ.1～終わり）
諸行無常・盛者必衰の道理	中国・日本及び平清盛の例	平氏の系譜
仏典で説く 祇園精舎の鐘の音→病者の臨終のとき…「諸行無常」と鳴り響く。 釈迦が入滅したとき…娑羅双樹の花が色を変えた。 ⇒・この世は（ア　　）である。 ・盛りの者は必ず（イ　　）。 →この道理から逃れることはできない。	中国　秦の（ウ　　）ら→（エ　　）をほしいまま。 人民の嘆くところを知らない。→滅亡 わが国　承平の（オ　　）ら＝栄華をきわめた者たち →（カ　　）の運命をたどる。 多い 平清盛　（キ　　）も及ばず、（ク　　）を絶するものがある。	清盛の先祖 ・（ケ　　）天皇の皇子の葛原親王に始まる。 ・「平」という姓を賜って（コ　　）となる。 →代々諸国の（サ　　）という身分に甘んじる。 ＝祖父正盛までは（シ　　）として昇殿することも許されなかった。

語句・文法　知識・技能

1 次の語の意味を調べなさい。

p.78 ℓ.2 ①理（　　）
ℓ.3 ②ひとへに（　　）
ℓ.6 ③愁ふ（　　）
ℓ.7 ④本朝（　　）

2 次の太字の音便となっている語を、もとの形に書き改めなさい。

p.78 ℓ.6 ①知ら**ざつ**しかば、（　　）
p.79 ℓ.3 ②平の姓を**賜つ**て、（　　）

3 次の太字の語は、あとのア～オのいずれにあたるか。それぞれ選びなさい。

p.78 ℓ.2 ①おごれ**る**人も（　　）
ℓ.6 ②民間の愁ふ**る**ところを（　　）
ℓ.10 ③心も言葉も及ば**れ**ね。（　　）
p.79 ℓ.1 ④その先祖を尋ぬ**れ**ば、（　　）
ℓ.6 ⑤いまだ許さ**れ**ず。（　　）

ア　下二段活用動詞已然形活用語尾の一部
イ　下二段活用動詞連体形活用語尾の一部
ウ　受身の助動詞「る」の未然形
エ　可能の助動詞「る」の未然形
オ　存続（完了）の助動詞「り」の連体形

4 次の太字の語の意味と活用形名を答えなさい。

p.78 ℓ.2 ①夢の**ごとし**。（　　・　　）
ℓ.10 ②言葉も及ば**れね**。（　　・　　）
p.79 ℓ.2 ③朝臣の嫡男**なり**。（　　・　　）
ℓ.6 ④受領**たり**しかども、（　　・　　）

内容の理解

思考力・判断力・表現力

第一段落

1 第一段落について、次の問いに答えなさい。

(1) 冒頭の二文を次のように並べて比較してみると、意味や文構造や音調がきわめて類似していて、対句であることがよくわかる。

祇園精舎の　鐘の声、　諸行無常の　響きあり。
↕　　　　　↕　　　　↕　　　　　↕
娑羅双樹の　花の色、　盛者必衰の　理をあらはす。

この四つの対応する句の中で、聴覚と視覚とを対応させている句を抜き出しなさい。

聴覚〔　　〕　視覚〔　　〕

(2) (1)の二文には、「鐘・響き・花・理」などのやまとことば（和語）と、「A・B・C・D」の漢語が用いられている。A～Dに該当する漢語を、順に抜き出しなさい。

A〔　　〕　B〔　　〕
C〔　　〕　D〔　　〕

(3) (1)の二文のように漢語と和語とをまじえて書かれた文体を何というか。その名称を四字で書きなさい。

〔　　　　〕文

(4) 冒頭の一文を「祇園精舎の／鐘の声、／諸行無常の／響きあり。」と音読してみると、独特のリズムがあることがわかる。このような調子を何というか。その調子の名称を二字で書きなさい。

〔　　〕調

(5) 「はかないもの」にたとえられているもの（比喩表現）を二つ、本文中から抜き出しなさい。 ▼脚問1

〔　　〕
〔　　〕

第二段落

2 第二段落について、次の問いに答えなさい。

(1) ことさらに人名に音読と訓読とを混用して、語り口に変化を与えている箇所がある。該当する箇所を本文中から抜き出し、初めと終わりの二字で答えなさい。

〔　　〕～〔　　〕

(2) 表現上は「遠く→近く→〔①〕」と徐々に場所・時代をせばめていき、内容上は「異朝→本朝→〔②〕」と焦点を絞っていく漸層《ぜんそう》法的修辞法が見られる。空欄①・②に該当する言葉を、本文中から抜き出しなさい。

①〔　　〕
②〔　　〕

第三段落

3 第三段落を読んで、次の系図の空欄①～④に該当する人名を、本文中から抜き出しなさい。該当者がいない場合は、「○」印を書きなさい。

桓武天皇―葛原親王―高視王―平高望―〔①〕―〔②〕―○―○―〔③〕―〔④〕―忠盛―清盛

①〔　　〕　②〔　　〕
③〔　　〕　④〔　　〕

全体

4 『平家物語』が今日なお多くの人々に愛読されている理由の一つとして、この物語の全編を貫く「仏教的〔　〕観」が人々の心に共感を呼ぶ点があげられる。空欄に該当する言葉として適当なものを、本文中から漢字二字で抜き出しなさい。 ▼学習一

〔　　〕観

学習目標 和漢混交文の特徴や表現の工夫を理解するとともに、当時の人々の考え方を捉える。

平家物語（木曽の最期）

教科書p.80〜p.87

検印

展開の把握　思考力・判断力・表現力

○次の空欄に適語を入れて、内容を整理しなさい。

第一段落（p.80 ℓ.5〜 p.83 ℓ.3）	第二段落（p.83 ℓ.4〜 p.84 ℓ.16）	第三段落（p.85 ℓ.1〜終わり）
義仲の勇猛果敢な最後の戦い	義仲・兼平主従のうるわしい情愛	義仲・兼平主従の壮絶な最期
義仲　勇壮・〔ア　　〕ないでたちで最後の戦いを挑む。 〔イ　　〕余騎の敵陣を次々と突破 →〔ウ　　〕余騎の味方→主従五騎のみ→これまでと覚悟 最愛の〔エ　　〕を説得し、戦場から逃げのびさせる。	主従二騎だけ。 義仲　ふと〔オ　　〕をもらす。 兼平　気強く諭し励まし粟津の松原で〔カ　　〕することを勧める。 義仲　一所で死のうと敵陣へ駆けこもうとする。 兼平　情理を尽くして諫《いさ》める。 義仲　兼平の主人を思う真情にうたれて理性を取り戻す。 →ただ一騎で松原へ向かって馬を進めた。	兼平　義仲に自害の時を与えるため →敵陣へ単身馳《は》せ入《い》り、獅子《しし》奮迅《ふんじん》と戦う。 義仲　松原へ馬を進める途中〔キ　　〕に足を取られ、動きがとれない。 兼平いかにと振り返った。 石田為久　〔ク　　〕を射抜き討ち取る。 兼平　〔ケ　　〕を口に含んで、馬から飛び下り、自害して果てた。

語句・文法　知識・技能

1 次の語の意味を調べなさい。

① かたき（p.81 ℓ.8）〔　　〕
② はたらく（p.83 ℓ.2）〔　　〕
③ 言ふかひなし（p.84 ℓ.12）〔　　〕
④ さらば（ℓ.16）〔　　〕
⑤ おぼつかなさ（p.86 ℓ.4）〔　　〕

2 次の太字の音便形となっている語を、もとの形に書き改めなさい。

① 鐙**ふんばり**立ち上がり、（p.81 ℓ.2）〔　　〕
② 互ひに**よい**かたきぞ。（ℓ.7）〔　　〕
③ **をめい**て駆く。（ℓ.9）〔　　〕
④ **くちをしう**候へ。（p.84 ℓ.15）〔　　〕
⑤ 薄氷は**張つ**たりけり、（p.85 ℓ.16）〔　　〕
⑥ 二人**落ち合う**て、（p.86 ℓ.8）〔　　〕

3 次の太字の助動詞の意味をあとのア〜ケからそれぞれ選び、活用形を書きなさい。

① 自害をせ**んずれ**ば、（p.82 ℓ.11）〔　　・　　〕
② 女を具せ**られ**たりけり（ℓ.12）〔　　・　　〕
③ いかにもなる**べかり**つる（p.84 ℓ.3）〔　　・　　〕
④ 討た**れ**させたまひなば、（ℓ.13）〔　　・　　〕
⑤ なんど申さ**ん**ことこそ、（ℓ.14）〔　　・　　〕
⑥ 音にも聞き**つら**ん、（p.85 ℓ.2）〔　　・　　〕
⑦ いくさをもす**べき**。（p.86 ℓ.13）〔　　・　　〕

ア 推量　イ 意志　ウ 婉曲
エ 受身　オ 強意　カ 尊敬
キ 義務　ク 当然　ケ 命令

内容の理解

思考力・判断力・表現力

第一段落

1 「木曽三百余騎」（八一・14）が果敢に敵陣を突破する動きを表すのに効果的な反復表現を、本文中から五字で抜き出しなさい。

2 「おのれはとうとう、女なれば、いづちへも行け。」（八二・9）について、次の問いに答えなさい。

(1) 「とうとう」の意味は何か。次から選びなさい。

ア　最終的には　　イ　なんとかもちこたえて

ウ　早く早く　　エ　どこへでも　〔　　〕

(2) 「いづちへも行け。」と言った理由として、本音と建て前の二つがあると考えられる。その理由として適当なものを、次から二つ選びなさい。

ア　戦に女を伴って死んだという不名誉を避けたかったから。

イ　討ち死にして果てようという決意がにぶるから。

ウ　巴に敵を引きつけておいて、その隙をつこうと思ったから。

エ　長年行動をともにした最愛の人を生かしてやりたかったから。

オ　足手まといがなければ、生きのびる機会もあると思ったから。

カ　兼平と二人で死に場所を求めたかったから。〔　　〕〔　　〕

第二段落

3 「御身もいまだ疲れさせたまはず、」（八三・6）について、次の問いに答えなさい。

(1) このとき兼平は義仲をどのように見ていたのか。次から選びなさい。　▼脚問4　▼学問二

ア　義仲が疲れていないことを見抜けずにこのように言った。

イ　義仲が疲れていないことを見抜いてこのように言った。

ウ　義仲が疲れていることを見抜けずにこのように言った。

エ　義仲が疲れていることを知りながらこのように言った。〔　　〕

(2) このように言った真意は何か。十五字以内で答えなさい。

第三段落

4 「木曽殿はただ一騎、粟津の松原へ駆けたまふが、」（八五・14）とあるが、これよりあとの義仲の行動の中で、情味あふれる姿を描いているのはどこか。本文中からその一文の初めの十三字を抜き出しなさい。　▼学習二

5 次の①～④の表現の説明として適当なものを、あとのア～エの中からそれぞれ選びなさい。

①さしつめ引きつめさんざんに射る。（八五・5）

②鎧よければ裏かかず、あき間を射ねば手も負はず。（八五・12）

③馬をざつと打ち入れたれば、（八六・1）

④追つかかつて、よつぴいて、（八六・5）

ア　擬音語を用いて情景を具体的に描いている。

イ　促音便を畳みかけて緊迫感を盛り上げている。

ウ　七五調のリズムで流暢《りゅうちょう》に語られている。

エ　目の前に事が存在するかのように現在形の動詞を用いている。

①〔　　〕②〔　　〕③〔　　〕④〔　　〕

全体

6 新傾向　本文を読んだ生徒の感想として適当なものを、次から選びなさい。

生徒A：義仲は巴に対して、ことさら「女」を強調して邪魔者扱いしているから、あまり愛情は感じていなかったと思うよ。

生徒B：兼平はとにかく主君である義仲に逃げ切ってほしかったので、松原に身を隠すことを勧めたんだね。

生徒C：義仲は兼平に対して全幅の信頼を寄せていたので、逃げることができないなら兼平とともに死にたいと思ったんだね。

生徒D：兼平は敵に追いつめられて動揺していたから、義仲に対する発言がたびたび変わっていたんだね。

生徒〔　　〕

学習目標 和歌の修辞と万葉集における和歌の特色を理解する。

万葉集

教科書 p.90～p.92

検印

要点の整理

思考力・判断力・表現力

▼学習一

○次の空欄に適語を入れて、内容を整理しなさい。

夕されば	〔ア　　〕	夕方になるといつも〔イ　　〕で鳴く〔ウ　　〕は、今夜は鳴かない。もう寝てしまったらしいな。
熟田津に	〔エ　　〕	熟田津で船に乗って出発しようと〔オ　　〕の出を待っていると、月も出て、〔カ　　〕もまた満ちて、〔キ　　〕にちょうどよい具合になった。さあ今こそ漕ぎ出そうよ。
天離る	句切れなし	田舎からの〔ク　　〕を、恋しく思いながら来ると、〔ケ　　〕海峡から〔コ　　〕の山々が見えたよ。
若の浦に	句切れなし	若の浦に潮が満ちてくると、〔サ　　〕がだんだんなくなるので、〔シ　　〕の茂っている〔ス　　〕をさして〔セ　　〕が鳴きながら次々と飛んで行くよ。
瓜食めば	長歌	瓜を食べるといつも、瓜の好きな〔ソ　　〕のことが自然と思い浮かんでくる。瓜よりもおいしい〔タ　　〕を食べると、いっそう恋い慕われてならない。子供というものはいったいどこからやって来たものなのか。〔チ　　〕が目の前にしきりにちらついて、少しも私を〔ツ　　〕させてくれないことだよ。

語句・文法

知識・技能

1 次の語の読みを現代仮名遣いで書きなさい。

- p.90 ℓ.2 ①今夜〔　　〕
- ℓ.9 ②鶴〔　　〕
- p.91 ℓ.4 ③安眠〔　　〕
- ℓ.6 ④銀〔　　〕
- ℓ.10 ⑤雲雀〔　　〕

2 次の語の意味を調べなさい。

- p.90 ℓ.2 ①夕さる〔　　〕
- p.91 ℓ.2 ②思ほゆ〔　　〕
- ℓ.6 ③及く〔　　〕
- p.92 ℓ.2 ④ここだ〔　　〕
- ⑤かなし〔　　〕

3 「瓜食めば……」の歌にⒶ「思ほゆ」Ⓑ「偲はゆ」とあるが、その文法的説明として適当なものを、次のア～エからそれぞれ選びなさい。

p.91 ℓ.2

ア ヤ行上二段活用動詞終止形
イ ヤ行下二段活用動詞終止形
ウ ヤ行四段活用動詞終止形
エ ハ行四段活用動詞未然形＋自発の助動詞終止形

Ⓐ〔　　〕Ⓑ〔　　〕

4 「うらうらに照れる春日」は、どのような品詞からなるか。次から選びなさい。

p.91 ℓ.10

ア 副詞＋助詞＋動詞＋名詞
イ 形容動詞＋動詞＋名詞
ウ 副詞＋動詞＋助動詞＋名詞
エ 名詞＋助詞＋動詞＋助動詞＋名詞

〔　　〕

銀も	夏の野の	うらうらに	多摩川に	韓衣
句切れなし	句切れなし	〔ノ　〕	句切れなし	〔マ　〕
世の中の人が最も大切な宝とする、〔テ　〕も〔ト　〕も〔ナ　〕も、どうして〔ニ　〕というすぐれた宝にまさるであろうか、いや、まさりはしないよ。	夏の野の繁みに咲いている〔ヌ　〕が誰にも知られないように、相手に知られない〔ネ　〕は苦しいものだ。	うららかに照っている春の日に〔ハ　〕が空高く舞い上がり、なんとなく悲しいことだ、〔ヒ　〕ものを思っていると。	多摩川の水でさらして白くした手織りの〔フ　〕のように、今さらながらどうしてあの〔ヘ　〕がこんなにも〔ホ　〕のだろうかなあ。	着物の〔ミ　〕にすがりついて泣く〔ム　〕たちを、あとに残して来てしまったことだよ、〔メ　〕もいない子供たちなのに。

修辞

知識・技能

1 「瓜食めば……」（九一・2）の歌には対句が用いられ、子を思う親の愛情が具体的に表されている。その対句にあたる部分を歌の中から抜き出しなさい。 ▼学習二

山川憶良

〔　　〕↔〔　　〕

2 「多摩川に……」（九二・2）の歌の「多摩川にさらす手作り」は、「さらす」の「さら」の音を利用して、第三句の「さらさらに」を引き出す修辞技法である。この修辞技法の名称として適当なものを、次から選びなさい。 ▼学習二

東歌

ア 枕詞　イ 序詞　ウ 掛詞　エ 折句

〔　　〕

5 次の太字の動詞の活用の種類は、あとのア～クのいずれにあたるか。それぞれ選びなさい。

p.90 ℓ.4 ①潮もかなひぬ今は**漕ぎ出で**な 〔　　〕
ℓ.9 ②若の浦に潮**満ち来れ**ば 〔　　〕
p.92 ℓ.4 ③裾に**取りつき**泣く子らを 〔　　〕

ア 上一段活用　イ 上二段活用
ウ 下一段活用　エ 下二段活用
オ カ行変格活用　カ サ行変格活用
キ ラ行変格活用　ク 四段活用

6 「夕されば……」の歌に、「寝ねにけらしも」とあるが、「けらし」は根拠を持った過去の推定（確信ある推量）の助動詞である。根拠にあたる部分を的確に抜き出しなさい。

p.90 ℓ.2 〔　　〕

7 次の太字の助詞の意味を、あとのア～カからそれぞれ選びなさい。（同じ記号を二度選んでもよい）

p.90 ℓ.2 ①今夜は鳴かず寝ねにけらし**も** 〔　　〕
ℓ.4 ②潮もかなひぬ今は漕ぎ出で**な** 〔　　〕
p.91 ℓ.6 ③まされる宝子に及かめ**や**も 〔　　〕
ℓ.10 ④情悲しも一人**し**思へば 〔　　〕
p.92 ℓ.4 ⑤置きて**そ**来ぬや 〔　　〕
⑥置きてそ来ぬ**や** 〔　　〕

ア 強意　イ 反語
ウ 詠嘆　エ 勧誘
オ 願望　カ 禁止

内容の理解

思考力・判断力・表現力

舒明天皇

1 「夕されば……」（六〇・2）の歌について、次の問いに答えなさい。

(1) この歌がよまれた季節は、いつごろか。適当なものを次から選びなさい。

ア 春　イ 夏　ウ 秋　エ 冬

〔　　〕

(2) 「今夜は鳴かず」とあるが、助詞「は」を用いることによってどのようなことを言い表しているか。三十字以内で説明しなさい。

(3) 新傾向 この歌には、巻九に雄略天皇御製とされる異伝歌があり、その歌は第三句の「鳴く鹿」が「伏す鹿」となっている。「鳴く鹿」を「伏す鹿」に改めると、どのような違いが生じてくるか。次の中から二つ選びなさい。

ア 繰り返しが素朴で、歌謡性がある。
イ 反復の単純さを破った巧みさはあるが、味わいが浅い。
ウ 類型的になってしまって感動が弱い。
エ 季節感が鮮明で、流れるような音調がある。
オ 実見でなく、想像的観念的な把握、発想になる。
カ 鹿に対する優しい思いやりが、真実をもって流露する。

〔　　〕〔　　〕

額田王

2 「熟田津に……」（六〇・4）の歌について、次の問いに答えなさい。

(1) 「潮もかなひぬ」とあるが、何に対して「潮も」と言っているのか。歌の中から一語を抜き出しなさい。

〔　　〕

(2) 六六一年（斉明七）、百済《くだら》救援の軍隊が、西征の途上伊予《いよ》の熟田津に停泊した。この歌は、その出航の際によまれたものである。大船団の出航にふさわしく力の躍動を感じさせる句を、次から選びなさい。

ア 船乗りせむと　イ 月待てば
ウ 潮もかなひぬ　エ 今は漕ぎ出でな

〔　　〕

(3) (2)で選んだ句には、どのような特徴があるか。三字で答えなさい。

額田王

柿本人麻呂

3 「天離る……」（六〇・6）の歌について、次の問いに答えなさい。

(1) この歌を歌ったとき、作者の柿本人麻呂はどこにいたのか。歌から四字で抜き出しなさい。

(2) 「恋ひ来れば」とあるが、何を恋しく思っているのか。次から選びなさい。

ア 天　イ 明石　ウ 都　エ 田舎

〔　　〕

山部赤人

4 「若の浦に……」（六〇・9）の歌について、次の問いに答えなさい。

(1) 「潟を無み」とあるが、どのような意味か。次から選びなさい。

ア 干潟が無くなるとともに
イ 干潟が無くなるので
ウ 干潟を無くしてしまうと
エ 干潟が無くなったら

〔　　〕

(2) この歌の情景を思い浮かべ、岸辺の葦の枯葉色以外の印象的な色彩を、それぞれ五字以内で二つ答えなさい。

▼学習三

山上憶良

5 「瓜食めば……」（九一・2）の歌について、次の問いに答えなさい。

(1) 「目交に　もとな懸かりて」とあるが、何が懸かるのか。その主語を八字以内で答えなさい。

山上憶良

(2)「安眠し寝さぬ」と、打消の助動詞連体形で終止しているのはなぜか。その理由として適当なものを、次から選びなさい。

ア 『万葉集』の時代は連体形も終止形と同じはたらきをするから。
イ 上に疑問の言葉「いづく」があるから。
ウ 上に係助詞「そ」があるから。
エ 連体形止めの感動表現となっているから。 〔　　〕

(3) この歌は、何を主題としてよんだものか。四字で答えなさい。

(4) この歌を二段階に分けると、後半はどこから始まるか。次から選びなさい。 ▼学習一

ア 栗食めば　イ いづくより
ウ 目交に　エ もとな懸かりて 〔　　〕

6「銀も……」（九一・6）の歌は、何を主題としてよんだものか。四字で答えなさい。

大伴坂上郎女

7「夏の野の……」（九一・8）の歌について、次の問いに答えなさい。 ▼学習二

(1) この歌の序詞を抜き出しなさい。 〔　　〕

(2) この歌にある「姫百合」と「恋」の共通点はどんなところか。十五字以内の現代語で書きなさい。

大伴家持

8「うらうらに……」（九一・10）の歌について解説した次の各文の中から、適当でないものを、二つ選びなさい。

ア 「うらうらに」にはやがて退廃してゆく奈良文化の悲しみを感じる。
イ 不思議と独詠的な歌で、独居沈思の趣がある。
ウ 春の陽光を「照れる」と擬人化し、親しみを感じさせる。
エ 下二句は「一人し思へば情悲しも」の倒置である。
オ 「情悲しも」と、多感な若い歌人の心を揺さぶる春愁が描かれている。 〔　　〕〔　　〕

東歌

9「多摩川に……」（九二・2）の歌について、次の問いに答えなさい。

(1)「さら」の音の反復によって、明るい民謡ふうの歌となっているが、快いリズミカルな感じを与える箇所が他にもある。その部分を七字で抜き出しなさい。

(2)「この児」は女性だと思われる。その根拠を十五字以内で説明しなさい。

防人歌

10「韓衣……」（九三・4）の歌について、次の問いに答えなさい。

(1) この歌は、幼い子供たちを東国に残してきた防人の、やり場のない悲しみが歌われている。子供の幼くて小さい感じが、どの言葉に特に表れているか。次から選びなさい。 ▼学習三

ア 韓衣　イ 裾に取りつき泣く
ウ 置きてそ来ぬ　エ 母なしにして 〔　　〕

(2)「来ぬや」とあるが、これは文法的に考えると破格の表現である。普通の表現に書き改めなさい。 〔　　〕

学習目標　和歌の修辞と古今和歌集における和歌の特色を理解する。

古今和歌集

教科書 p.93〜p.95

検印

要点の整理　思考力・判断力・表現力

学習一

○次の空欄に適語を入れて、内容を整理しなさい。

袖ひちて	句切れなし	暑い〔ア　〕の日に、袖が濡れるままに、〔イ　〕ですくって飲んだ水が、〔ウ　〕の間は寒さで凍ってしまっていたのを、〔エ　〕となった今日の暖かい〔オ　〕が、きっと吹き解かしていることだろうか。
世の中に	句切れなし	世の中に全く〔カ　〕がなかったら、春の人の〔キ　〕は本当にのどかだろうに。桜のせいで、〔ク　〕といっては心をときめかせ、散るといっては悲しみ、心は休まらない。
五月待つ	句切れなし	五月の到来を待って咲く〔ケ　〕の花が早くも咲いて、その〔コ　〕を嗅ぐと、昔親しかったあの人の〔サ　〕にたきしめた香りが思い出されるよ。
秋来ぬと	句切れなし	秋が来たと、〔シ　〕で見たところではっきりわからないけれども、風の音を〔ス　〕にすると、自然と〔セ　〕の訪れが感じられて、はっとすることだよ。
山里は	〔ソ　〕	山里はいつもさびしいが、〔タ　〕が特にさびしさがまさっているよ。〔チ　〕も離れてなくなるし、〔ツ　〕もまた枯れてしまうのだと思うと。
雪降れば	〔テ　〕	〔ト　〕が降って、木に花が見事に咲いたことだよ。だから、どれを〔ナ　〕と区別して折ったらよいのだろう。

語句・文法　知識・技能

1 次の語の読みを現代仮名遣いで書きなさい。

p.93 ℓ.6 ①五月〔　　〕
p.94 ℓ.5 ②唐土〔　　〕
p.95 ℓ.1 ③蔵人頭〔　　〕
ℓ.3 ④冠〔　　〕

2 次の語の意味を調べなさい。

p.93 ℓ.2 ①むすぶ〔　　〕
ℓ.4 ②たえて〔　　〕
ℓ.8 ③おどろく〔　　〕
p.94 ℓ.2 ④かる〔　　〕
ℓ.10 ⑤馬のはなむけ〔　　〕
⑥おもしろし〔　　〕
p.95 ℓ.2 ⑦さらに〔　　〕
⑧かしら下ろす〔　　〕
ℓ.3 ⑨またの年〔　　〕

3 次の太字の語の文法的説明として適当なものを、あとのア〜カからそれぞれ選びなさい。

p.93 ℓ.2 ①むすび**し**水のこほれるを〔　　〕
ℓ.4 ②桜のなかり**せ**ば春の心はのどけからまし〔　　〕
p.94 ℓ.6 ③三笠の山に出で**し**月かも〔　　〕
ℓ.7 ④もの習はしにつかは**し**たりけるに、〔　　〕
ℓ.10 ⑤かの国の人、馬のはなむけ**し**けり。〔　　〕
ℓ.13 ⑥夢と知り**せ**ばさめざらましを〔　　〕
p.95 ℓ.2 ⑦さらに世にもまじらず**し**て、〔　　〕
⑧かしら下ろ**し**てけり。〔　　〕

天の原	句切れなし	広い（ニ　）をはるかに遠く見はるかすと、今さし昇ったあの（ヌ　）は、私がまだ（ネ　）にいたときに見た、春日の（ノ　）の山の端に昇った月と似ているなあ。
思ひつつ	（ハ　）	恋しいあの人のことを思いながら（ヒ　）たのであの人が（フ　）に姿を見せたのだろうか。夢だと知らずに（ヘ　）が覚めたが、夢だと気づいていたら覚めずにいたであろうに。
みな人は	（ホ　）	人々はみな（マ　）が明けると華やかな（ミ　）に着替えたそうだ。しかし、私は帝がお亡くなりになって以来、今も粗末な（ム　）で、亡き帝の死を悲しんでいる。この涙にぬれた衣の（メ　）よ、せめて（モ　）ておくれよ。

修辞

知識・技能

紀貫之

1 **「袖ひちて……」（九三・2）の歌は、「袖（衣）」に縁のある言葉を巧みに用いて、歌に風趣を持たせている。その縁語を四つ、次から選びなさい。** ▼学習二

ア ひち　イ むすび　ウ 水　エ こほれ　オ 春
カ 立つ　キ 今日　ク 風　ケ とく

（　）（　）（　）（　）

源宗于

2 **「山里は……」（九四・2）の歌の説明として適当なものを、次から選びなさい。** ▼学習二

ア 「山里は」は「冬」を美しく表現するための枕詞であり、「さびしさ」の縁語でもある。
イ 「山里は冬ぞさびしさまさりける」は「人めも草もかれぬ」を美しく表現するための序詞であり、「まさり」は「さびしさ」が「まさる」と「人め」が「まさる」との掛詞である。
ウ 「かれ」は草も「枯れ」と人めも「離れ」との掛詞であり、「人め」の「め」は「草」の縁語で「芽」を響かせている。
エ 「まさり」は「さびしさ」が「まさる」と「人め」が「まさる」との掛詞であり、「思へ」は「さびしさ」の縁語である。

（　）

ℓ.5 ⑨苔の袂よかわきだにせよ　（　）

ア 四段活用動詞連用形活用語尾
イ サ行変格活用動詞連用形
ウ サ行変格活用動詞命令形の一部
エ 過去の助動詞未然形
オ 過去の助動詞連体形
カ 接続助詞の一部

4 **「寝ればや」の文法的説明として適当なものを、次のア〜エから選びなさい。** p.94 ℓ.13

ア ナ行下二段動詞＋原因・理由を表す接続助詞＋疑問の係助詞
イ ラ行下二段動詞＋仮定を表す接続助詞＋反語の係助詞
ウ ラ行四段動詞＋強調を表す係助詞＋詠嘆を表す間投助詞
エ ナ行下二段動詞＋願望を表す終助詞

（　）

5 **「花の衣になりぬなり」とあるが、「なりぬなり」を単語に分けて、文法的に説明しなさい。** p.95 ℓ.5

（　）

内容の理解

思考力・判断力・表現力

紀貫之

1 「袖ひちて……」(九三・2)の歌について、次の問いに答えなさい。

(1)「むすびし水」とあるが、「むすぶ」と対比して用いられている表現を歌の中から抜き出しなさい。

〔　　〕

(2)この歌は三つの季節をよみこみ、季節の推移を物質の変化で捉えた理知が見られる。その季節を出てくる順番に答えなさい。

〔　　〕→〔　　〕→〔　　〕

(3)この歌の主題として適当なものを、次から選びなさい。

ア 納涼の楽しさ　イ 立春の喜び

ウ 春風の爽やかさ　エ 春の訪れが間近なこと

〔　　〕

在原業平

2 「世の中に……」(九三・4)の歌について、次の問いに答えなさい。

(1)「たえて桜のなかりせば」とあるが、副詞「たえて」はどの語と呼応しているか。次から選びなさい。

ア なかり　イ ば　ウ のどけから　エ まし

〔　　〕

(2)この歌について解説した次の各文の中から、適当でないものを、次から選びなさい。▼学習三

ア 花の美しさを理知的に捉えている。

イ 桜の花をめでる心を、逆説的によんでいる。

ウ 春を擬人化して、巧みに三十一文字にまとめている。

エ 花のたよりに気がもめ、落ち着かない気持ちをよんでいる。

〔　　〕

よみ人知らず

3 「五月待つ……」(九三・6)の歌は、「五月ヲ待ッテ咲ク」「花ノ咲イテイル橘」「昔ナジミの人」のように、言葉が省略・収縮されている。これと同じように考えた場合、「袖の香」にはどのような言葉を補ったらよいか。解答欄に十二字以内の言葉を補足する形式で答えなさい。

袖〔　　〕の香

藤原敏行

4 「秋来ぬと……」(九三・8)の歌について、次の問いに答えなさい。▼学習三

(1)「目には」とあるが、この視覚に対して、どの五感を対応させているか。次から選びなさい。

ア 聴覚　イ 嗅覚　ウ 触覚　エ 味覚

〔　　〕

(2)「おどろかれぬる」とあるが、何にはっと気づいたのか。六字以内の口語で答えなさい。

〔　　〕

(3)この歌には、音調の上で初秋の印象に響き合った、清爽な趣を添えている形容動詞がある。その語を抜き出しなさい。

〔　　〕

源宗于

5 「山里は……」(九四・2)の歌について、次の問いに答えなさい。

(1)「山里は」とあるが、「は」は他と区別するはたらきを持つ係助詞である。ここでは、何に対して「山里は」といっているのか。対比されているものを、漢字一字で答えなさい。

〔　　〕

(2)この歌は、何についてよんだものか。その主題を歌の中の三つの語を用いて九字以内で答えなさい。

〔　　〕

紀友則

6「雪降れば……」(九四・4)の歌に、「秋の心を愁ひといひけれ」のように漢字を分解した、『古今和歌集』に多い文字上の遊びがある。「梅」の字を分解した箇所を抜き出しなさい。

〔　　〕

安倍仲麻呂

7「天の原……」(九四・6)の歌について、次の問いに答えなさい。

(1)作者仲麻呂の、①眼前にある月は、どこの月か。また、②思い出している月は、どこの月か。左注の内容をふまえて、適当なものを、次から選びなさい。

ア　唐の明州の海辺に昇った月　　イ　唐の都長安に昇った月
ウ　平城京の山の端に昇った月　　エ　平安京の山の端に昇った月

①〔　　〕②〔　　〕

(2)この歌は、仲麻呂のどのような思いをよんだものか。その思いを、漢字二字で答えなさい。

〔　　〕の思い

小野小町

8「思ひつつ……」(九四・13)の歌について、次の問いに答えなさい。

(1)「思ひつつ寝ればや」とあるが、何を「思ひつつ」寝たのか。七字以内で答えなさい。

(2)「さめざらましを」とあるが、その余情の説明として適当なものを次から選びなさい。

ア　それまでは夢というものを信じていなかったが、偶然に思う人と逢えて忘れがたい楽しさとなったので、現実ではない夢に頼みをかけるようになったことが余情として表現されている。

イ　夢からさめたのを心残りに感じているのであるが、その背後には日ごろ逢えずにいることが余情として表現されている。

小野小町

ウ　夢を信じてあてにしていたものの、結局は頼みにならず、思う人と意のごとくに逢えないことを嘆いているのであるが、その背後にいま一度夢の中で逢いたいと祈りをこめていることが余情として表現されている。

エ　夢にまで恋しい人を見る恋心の激しさが感じられるが、その背後に恋しい人を思う気持ちが強ければ、夢というものが案外頼みになることが表現されている。

〔　　〕

僧正遍昭

9「みな人は……」(九五・5)の歌について、次の問いに答えなさい。

(1)作者は良岑宗貞と呼ばれていたころ、帝のおそばに親しく仕え、将来を約束された出世コースの役職にあった。そのことがわかる箇所を、詞書の中から二十字以内で抜き出しなさい。

(2)「みな人」とあるが、どのような人々か。十五字以内で具体的に説明しなさい。

(3)作者僧正遍昭の心情は、どのようなものか。次から選びなさい。

ア　悲憤　　イ　慨嘆　　ウ　追慕　　エ　忌憚

〔　　〕

(4)この歌は、二つの対照的なイメージによって、亡き帝に対する作者の真情をきわだたせている。その対照的な二つのものを、歌の中から抜き出しなさい。

〔　　〕〔　　〕

学習目標 和歌の修辞と新古今和歌集における和歌の特色を理解する。

新古今和歌集

教科書 p.96～p.98

検印

要点の整理

思考力・判断力・表現力

▼学習一

○次の空欄に適語を入れて、内容を整理しなさい。

ほのぼのと	〔ア　　〕	ほんのりと〔イ　　〕が空にやってきたらしい。〔ウ　　〕に〔エ　　〕がたなびいている。
山深み	句切れなし	山が深いので、〔オ　　〕になったとも気づかないわび住まいの〔カ　　〕の戸に、とぎれとぎれに落ちかかっている雪どけの〔キ　　〕のようなしずくよ。
昔思ふ	〔ク　　〕	昔のことをしみじみ思い出して聞いているわびしい〔ケ　　〕の夜の雨に、涙がおのずから目にあふれてくる。そんなときに悲しげな〔コ　　〕を聞かせて、このうえさらに〔サ　　〕の雨を添えてくれるなよ、〔シ　　〕よ。
橘の	句切れなし	〔ス　　〕の香りがしているあたりで、〔セ　　〕をすると、〔ソ　　〕でも昔親しかった人の香りがする。
さびしさは	〔タ　　〕	このさびしさは、取りたててどの〔チ　　〕のために生ずるというのでもないが、言い知れぬ〔ツ　　〕だよ。杉や檜などの立ち茂る山の〔テ　　〕の夕暮れは。
心なき	〔ト　　〕	もののあわれを解さない私のような身にも、しみじみとした深い情趣が感じられることだよ。〔ナ　　〕の飛び立つ〔ニ　　〕の秋の夕暮れの景色は。

語句・文法

知識・技能

1 次の語の読みを現代仮名遣いで書きなさい。

p.96 ℓ.2 ①天の香具山〔　　〕
ℓ.8 ②庵〔　　〕
p.97 ℓ.2 ③橘〔　　〕
ℓ.8 ④苫屋〔　　〕
p.98 ℓ.2 ⑤時雨〔　　〕
ℓ.10 ⑥有明〔　　〕

2 次の語の意味を調べなさい。

p.97 ℓ.6 ①心なし〔　　〕
②あはれ〔　　〕
ℓ.9 ③歌合〔　　〕
ℓ.10 ④有明の月〔　　〕

3 次の太字の語の文法的説明として適当なものを、あとのア～オからそれぞれ選びなさい。（同じ記号を二度選んでよい）

p.96 ℓ.4 ①たえだえ**かかる**雪の玉水〔　　〕
p.97 ℓ.10 ②凍りて**出づる**有明の月〔　　〕
p.98 ℓ.1 ③百首歌奉りし時、**よめる**〔　　〕
ℓ.4 ④月に**残れる**人の面影〔　　〕

ア 四段活用動詞連体形
イ 上一段活用動詞連体形
ウ 上二段活用動詞連体形
エ 下二段活用動詞連体形
オ 四段活用動詞＋完了・存続の助動詞

4 次の太字の「はべり」は、あとのア・イのいずれにあたるか。それぞれ選びなさい。

見渡せば	〔ヌ　〕	見渡すと、情趣を誘うような春の〔ネ　〕も〔ノ　〕の紅葉もないことだよ。漁師の苫ぶきの〔ハ　〕が点在するだけの〔ヒ　〕の秋の夕暮れの眺めであるよ。
志賀の浦や	〔フ　〕	志賀の浦は夜が更けるにつれて〔ヘ　〕から凍ってゆくので、寄せる波も〔ホ　〕のほうに遠ざかってゆく。その波間から凍ったように光を放って〔マ　〕の月が昇ってきたことよ。
わが恋は	句切れなし	私の恋は、時雨が〔ミ　〕を紅葉させることができないように、つれないあの人の心を変えることもできず、〔ム　〕の生えている原に〔メ　〕が騒いで葉の裏を見せる「裏見」ではないが、〔モ　〕の心が騒いでいるようだ。
ふるさとは	句切れなし	ふるさとは浅茅の生い茂る〔ヤ　〕になってすっかり変わり果てたが、ただ〔ユ　〕に残っている懐かしい人の面影よ。

修辞　知識・技能

式子内親王

1 「山深み……」（九六・4）の歌のような終止のしかたを何というか。四字で答えなさい。▼学習二

〔　　　　〕

藤原家隆

2 「志賀の浦や……」（九七・10）の歌は、「さ夜更くるままに汀や凍るらむ遠ざかりゆく志賀の浦波」をふまえている。このように、古歌をふまえてよむ技法を何というか。次から選びなさい。▼学習二

ア 引き歌　イ 本歌取り
ウ 贈答歌　エ 有心付《うしんづ》け

〔　〕

p.96 ℓ.5 ①右大臣に**はべり**ける時、〔　〕
②百首歌よませ**はべり**ける、〔　〕
p.98 ℓ.3 ③百首歌よみ**はべり**けるに〔　〕

ア 動詞　イ 補助動詞

5 次の太字の助動詞の意味を、あとのア〜ケからそれぞれ選びなさい。

p.96 ℓ.3 ①百首歌奉り**し**時、春の歌〔　〕
ℓ.4 ②春とも知ら**ぬ**松の戸に〔　〕
ℓ.5 ③百首歌よま**せ**はべりける、〔　〕
p.97 ℓ.6 ④心なき身にもあはれは知ら**れ**けり〔　〕
ℓ.8 ⑤見渡せば花も紅葉もなかり**けり**〔　〕
p.98 ℓ.2 ⑥真葛が原に風さわぐ**なり**〔　〕

ア 断定　イ 推定　ウ 詠嘆
エ 過去　オ 完了　カ 打消
キ 自発　ク 使役　ケ 可能

6 次の太字の助詞の種類を、あとのア〜カからそれぞれ選びなさい。

p.96 ℓ.8 ①涙な添へ**そ**山ほととぎす〔　〕
p.97 ℓ.4 ②その色と**しも**なかりけり〔　〕
ℓ.6 ③あはれ**は**知られけり〔　〕
ℓ.8 ④見渡せ**ば**花も紅葉もなかりけり〔　〕
ℓ.10 ⑤志賀の浦**や**〔　〕
⑥遠ざかりゆく波間**より**〔　〕

ア 格助詞　イ 接続助詞
ウ 副助詞　エ 係助詞
オ 間投助詞　カ 終助詞

内容の理解

思考力・判断力・表現力

後鳥羽院

1 「ほのぼのと……」（九六・2）の歌で、作者は、春が来たと感じている。その根拠を現代語で「から。」に続く形で、十五字以内で書きなさい。

から。

式子内親王

2 「山深み……」（九六・4）の歌について、次の問いに答えなさい。

(1) この歌によまれている山里の春の訪れのひそやかさが、よく表れている歌の中の言葉はどれか。次から選びなさい。

ア たえだえ　イ かかる　ウ 雪　エ 玉水

〔　　〕

(2) この歌は、五感のうちどの感覚を鋭敏にはたらかせて春の訪れを捉えているか。次から二つ選びなさい。

ア 視覚　イ 聴覚　ウ 嗅覚

エ 味覚　オ 触覚

〔　　〕〔　　〕

(3) 「山深み」とあるが、どのような意味か。六字で口語訳しなさい。

藤原俊成

3 新傾向 「昔思ふ……」（九六・8）の歌について、次の問いに答えなさい。

(1) 「昔思ふ」の「昔」は、どのような昔のことと考えられるか。白居易の詩も参考にして、次から選びなさい。

ア 家族の者が大勢同居してにぎやかであった遠い昔。

イ 一人草庵にいて、夜の雨を聞いたことのある思い出深い昔。

ウ 華やかな都にありながら不遇な草庵の生活をしていた昔。

エ 自ら宮中に出仕していた古きよき時代の昔。

〔　　〕

藤原俊成

(2) 「涙な添へそ」とあるが、どのような意味か。十字以内で口語訳しなさい。

(3) 「ほととぎす」は、古来、夏を代表する鳥として多くの人々に愛され、いろいろな漢字があてられている。次の中から「ほととぎす」に該当する漢字を二つ選びなさい。

ア 郭公　イ 啄木鳥　ウ 雲雀

エ 椋鳥　オ 時鳥

〔　　〕〔　　〕

藤原俊成女

4 新傾向 「橘の……」（九七・2）の歌に「昔の袖の香」とあるが、これは何の香か。次から選びなさい。

ア 遠くに離れてれて暮らす両親の香。

イ かつて付き合いのあった恋人の香。

ウ 以前に着ていた着物の袖の香。

エ 昔の人達が袖につけて楽しんでいた香。

〔　　〕

寂蓮法師

5 「さびしさは……」（九七・4）の歌に、「その色としもなかりけり」とあるが、どのような意味か。二十五字以内で口語訳しなさい。

西行法師

6 「心なき……」（九七・6）の歌について、次の問いに答えなさい。

(1) 「心なき身」とあるが、どのような意味か。次から選びなさい。

ア 思慮分別をなくして罪を犯した左遷の身

イ ものの情趣を解さない身

ウ 家族と離れ離れになったさすらいの身

エ 思いやりのない身

〔　　〕

西行法師

(2)「鴫立つ沢の秋の夕暮れ」とあるが、この情景からどのような秋の気配が深く感じられるか。次から選びなさい。

ア 静寂　イ 衰微　ウ 清涼　エ 喧騒《けんそう》　〔　〕

藤原定家

7「見渡せば……」（九七・8）の歌について、次の問いに答えなさい。

(1)この歌には、艶美を底に秘めたしみじみとした情趣がある。読む人の心に残像として存在する艶美は、何によってもたらされているか。次から二つ選びなさい。

ア 花　イ 紅葉　ウ 苫屋　エ 秋　オ 夕暮れ　〔　〕〔　〕

(2)この歌の風景は、紫式部の書いた物語の「明石の巻」に影響を受けているといわれ、想像世界の風景である。その物語名を答えなさい。〔　〕

(3)この歌は、寂蓮法師の「さびしさは」の歌、西行法師の「心なき」の歌とともに、「三夕《さんせき》の歌」といわれる。三首の歌に共通する表現形式の特色を、二つ答えなさい。〔　〕〔　〕

藤原家隆

8「志賀の浦や……」（九七・10）の歌について、次の問いに答えなさい。

(1)この歌は、『後拾遺和歌集』の「さ夜更くるままに汀や凍るらむ遠ざかりゆく志賀の浦波」を本歌としている。この本歌の情景は、「志賀の浦や」の歌のどの箇所にふまえられているか。該当する箇所を、十五字以内で抜き出しなさい。▼学習二

〔　〕

藤原家隆

(2)この歌を評した次の文の空欄①・②に入る適当な語を、それぞれ漢字一字で答えなさい。

本歌の〔①〕覚によって捉えた情景を〔②〕覚で捉えなおしているところに、作者家隆の巧みさがある。

①〔　〕　②〔　〕

(3)「凍りて出づる」とあるが、「凍りて」は比喩表現である。その点に注意して、十五字以内で口語訳しなさい。

〔　〕

慈円

9「わが恋は……」（九八・2）の歌について、次の問いに答えなさい。

(1)この歌の季節は、いつごろか。次から選びなさい。

ア 晩夏　イ 初秋　ウ 初冬　エ 初春　〔　〕

(2)この歌は、風景に託して、片思いの切ない苦しみをよんだものである。①「松」、②「時雨」は、何をたとえているか。それぞれ次から選びなさい。

ア 恋人に言い寄る作者　イ 恋人を待つ若者
ウ つれない恋人　エ 恋を邪魔する人々

①〔　〕　②〔　〕

(3)「真葛が原に風さわぐなり」とあるが、「真葛」はどのような心情を連想させるか。次から選びなさい。

ア 恋慕　イ 喜び　ウ あきらめ　エ 恨み　〔　〕

藤原良経

10「ふるさとは……」（九八・4）の歌に、「人の面影」とあるが、懐かしい人の面影を思い出させるものは何だといっているか。次から選びなさい。

ア ふるさと　イ 浅茅　ウ 末になり　エ 月　〔　〕

学習目標　古文を読解するための基礎知識として、敬語・和歌の修辞を習得する。

古文を読むために6・7

教科書 p.74～p.75・p.100～p.101

検印

基本練習　知識・技能

1 次の敬語動詞について、(A)あとのどの語の敬語かと(B)敬語の種類を答えなさい。

例 召す　(A)〔呼ぶ〕　(B)〔尊敬語〕

① おぼす　(A)〔　　〕　(B)〔　　〕　② 大殿籠る　(A)〔　　〕　(B)〔　　〕

③ 給ふ　(A)〔　　〕　(B)〔　　〕　④ まかる　(A)〔　　〕　(B)〔　　〕

⑤ 申す　(A)〔　　〕　(B)〔　　〕　⑥ おはす　(A)〔　　〕　(B)〔　　〕

〔あり　与ふ　言ふ　出づ　思ふ　寝《ぬ》　呼ぶ〕

2 次の傍線部の敬語の種類と、誰から(↓)誰への敬意を表すかを答えなさい。

① 「最後のいくさして見せたてまつらん。」とて、(八二・14)

訳 (巴が義仲に)「最後の合戦をしてお目にかけよう。」と言って、

〔　　〕〔　　↓　　〕

② 「兼平一人候ふ(ア)とも、余の武者千騎とおぼしめせ(イ)。…」とて、(八三・10)

訳 (兼平が義仲に)「兼平はただ一人おりましても、他の武者千騎と同じとお思い下さい。…」と言って、

ア〔　　〕〔　　↓　　〕　イ〔　　〕〔　　↓　　〕

③ その人、ほどなく失せにけりと聞きはべりし。(七三・13)

訳 その人は間もなく亡くなったと聞きましたよ。

〔　　〕〔　　↓　　〕

④ 中納言参り(ア)たまひ(イ)て、(四六・1)

訳 中納言が(中宮の御前に)参上なさって、

ア〔　　〕〔　　↓　　〕　イ〔　　〕〔　　↓　　〕

留意点

●敬語学習のポイント

敬語の用法を持つ品詞には、①動詞(補助動詞を含む)、②助動詞、③名詞(接頭語・接尾語を含む)がある。古文と現代文の敬語を比較すると、古文では①に属するものが多く、用法も複雑であるが、②・③に属するものは語数も少なく、用法もやさしい。したがって、①にポイントを絞った学習が、敬語理解の早道である。

●敬語表現の図解

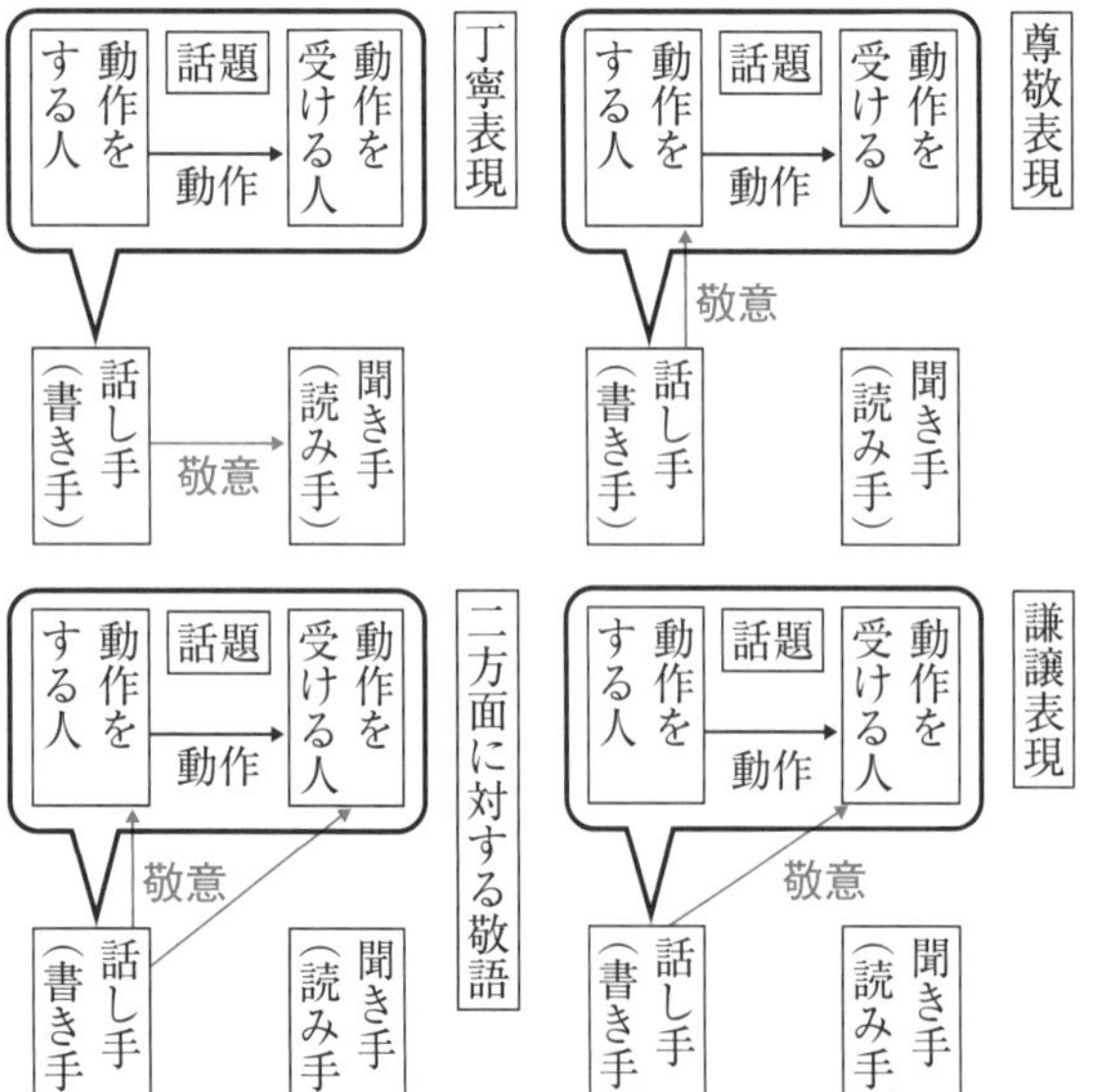

●敬語の重なり方

敬語が複数重なる場合、「謙譲＋尊敬＋丁寧」の順。

3 次の空欄に入る枕詞として適当なものを、あとから選びなさい。

・〔　　〕光のどけき春の日にしづ心なく花の散るらむ（古今集・八四）

訳 日の光がのどかな春の日にどうして落ち着いた心もなく桜の花が散っているのだろう。

ア　あづさゆみ　　イ　くさまくら

ウ　ちはやぶる　　エ　ひさかたの　　〔　　〕

4 次の和歌の序詞に傍線を引き、導き出している語句を抜き出しなさい。

・多摩川にさらす手作りさらさらに何そこの児《こ》のここだかなしき（九二・2）

訳 多摩川にさらす手織りの布のように、今さらながらにどうしてこの子がこんなに愛しいのだろうか。

〔　　〕

5 次の和歌の傍線部は、何と何との掛詞か。空欄を埋める形で答えなさい。

・花の色は移りにけりないたづらにわが身世にふる（ア）ながめ（イ）せしまに（一〇三・3）

訳 花の色はあせてしまったなあ、長雨が降り続く間に。私の容色も衰えてしまったなあ、むなしくこの世で月日を過ごして、もの思いにふけっていた間に。

ア　「経る」と「〔　　〕」との掛詞。　イ　「眺め」と「〔　　〕」との掛詞。

6 次の文は、和歌の修辞について説明している。空欄に適当な言葉を入れて、説明を完成させなさい。

・志賀の浦や遠ざかりゆく波間より凍りて出づる有明の月（九七・10）

訳 志賀の浦よ、（汀《みぎわ》から凍ってゆくので、波も沖のほうに）遠ざかってゆく（が、その）波間から凍って昇ってくる有明の月よ。

「さ夜更くるままに汀や凍るらむ遠ざかりゆく志賀の浦波」（後拾遺集・巻六）を下敷きにして、もとの歌にはない視覚的な要素（＝有明の月）を取り入れた、〔ア　　〕の歌である。また、結びに〔イ　　〕の技法を用いて、余情をかもし出している。

●序詞による修飾のしかた（下の語句の導き方）

①比喩による方法

・あしびきの山鳥の尾のしだり尾の〔序詞〕 ながながし夜をひとりかも寝む（拾遺集・恋三）

「あしびきの山鳥の尾のしだり尾の」は、「山鳥のしだり尾（垂れた尾）」のように「ながながし」という比喩によって、「ながながし」を導き出している。なお、「あしびきの」は「山」を導き出す枕詞である。

②掛詞による方法

・風吹けば沖つ白波〔序詞〕 たつ た山夜半にや君がひとり越ゆらむ（三三・5）

「風吹けば沖つ白波」は、「白波」が「立つ」と「竜田山」の「竜」との掛詞によって、「たつ」を導き出している。

③同音反復による方法

・ほととぎす鳴くや五月《さつき》のあやめぐさ〔序詞〕 あやめも知らぬ恋もするかな（古今集・恋歌一）

「ほととぎす鳴くや五月のあやめ草」は、「あやめ草」（菖蒲《しょうぶ》）の「あやめ」が「あやめ」（ものの道理・筋道）と同音であることによって、「あやめ」を導き出している。

学習目標　俳文の表現の特色を理解し、作品に表れた作者の思想や心情を捉える。

奥の細道（旅立ち）

教科書 p.106〜p.107

検印

展開の把握　思考力・判断力・表現力

○次の空欄に適語を入れて、内容を整理しなさい。

第一段落（初め〜 p.106 ℓ.10）	第二段落（p.107 ℓ.1 〜終わり）
芭蕉庵を去る	千住での別れ
人生観 人生は〔ア　　〕である。 〔イ　　〕が人生である人もいる。 尊敬する〔ウ　　〕も多く旅で死んでいる。 漂泊の思いやみがたい。（昨秋旅から帰ったばかりだが……。） ・〔エ　　〕が立つ→〔オ　　〕の関を越えたい。 ・〔カ　　〕→心狂わせる。 ・〔キ　　〕の招き→取るものも手につかない。 →旅仕度をする。→松島の〔ク　　〕が心にかかる。 ・笠の〔ケ　　〕をつけかえる。 ・〔コ　　〕に灸をする。 →芭蕉庵を人に譲る。→〔サ　　〕の別宅に移る。「草の戸も」の句をよむ。	三月二十七日早朝、出発。←親しい人々の見送り。 私　上野・谷中の〔シ　　〕をまたいつ見ることができるか。→心細い 〔ス　　〕で親しい人々と別れる。 私　遠い異郷に旅立つ思いが万感胸に迫る。 ↓ 〔セ　　〕の涙を流す。 「行く春や」の句をよんで〔ソ　　〕の書き始めとする。

語句・文法　知識・技能

1 次の語の意味を調べなさい。

①過客（p.106 ℓ.1）〔　　〕
②やや（ℓ.5）〔　　〕
③別墅（ℓ.8）〔　　〕
④弥生（p.107 ℓ.1）〔　　〕
⑤朧々たり〔　　〕
⑥有明〔　　〕

2 次の太字の「る」は、あとのア〜エのいずれにあたるか。それぞれ選びなさい。

①馬の口とらへて老いを迎ふ**る**者は、（p.106 ℓ.2）〔　　〕
②古人も多く旅に死せ**る**あり。〔　　〕
③春立て**る**霞の空に、（ℓ.5）〔　　〕
④取**る**もの手につかず、（ℓ.6）〔　　〕
⑤三里に灸据う**る**より、（ℓ.7）〔　　〕
⑥草の戸も住み替は**る**代ぞ雛の家（ℓ.9）〔　　〕

ア　四段活用動詞の活用語尾
イ　下二段活用動詞の活用語尾の一部
ウ　完了の助動詞連体形
エ　可能の助動詞連体形

3 次の太字の助詞「より」は、あとのア〜カのいずれにあたるか。それぞれ選びなさい。

①灸据うる**より**、松島の月まづ心にかかり（p.106 ℓ.7）〔　　〕
②むつまじき限りは宵**より**集ひて、（p.107 ℓ.3）〔　　〕

ア　起点　イ　手段　ウ　原因
エ　即時　オ　比較　カ　限定

内容の理解

思考力・判断力・表現力

第一段落

1 (A)「草の戸も」（一〇六・9）、(B)「行く春や」（一〇七・6）の句について、季語と切れ字をそれぞれ答えなさい。

(A)季語〔　　〕　切れ字〔　　〕

(B)季語〔　　〕　切れ字〔　　〕

2 この文章には、俳文の特色として修辞技法が多く用いられている。次の問いに答えなさい。▼学習一

(1)「舟の上に生涯を浮かべ、馬の口とらへて老いを迎ふる」（一〇六・1）のような対照表現を何というか。

(2)「春立てる霞の空に、」（一〇六・5）の「立てる」は、「春」「霞の空」と結びついて、立春の意と、霞が立ちこめる意の二つの意味を表す。このような修辞技法を何というか。

(3)「松島の月まづ心にかかりて、」（一〇六・7）の「かかり」は、「月」に関わって用いられた語である。このような修辞技法を何というか。

(1)〔　　〕　(2)〔　　〕　(3)〔　　〕

3 「江上の破屋」（一〇六・4）とあるが、これと異なるものが一つある。次から選びなさい。

ア 別墅　イ 草の戸　ウ 雛の家　エ 庵　〔　　〕

4 「草の戸も住み替はる代ぞ」（一〇六・9）と感慨を述べているが、「も」は本文中のどの一文をふまえて用いたと考えられるか。初めの八字を抜き出しなさい。

5 「幻のちまた」（一〇七・4）とあるが、この表現を使った芭蕉の気持ちとして適当なものを次から選びなさい。▼脚問1

ア 先がわからないのに、わかれ道のどちらかを選ぶことは不安だ。

イ 道は本来決まっているもので、わかれ道など幻でしかない。

ウ 世の中の人の情は、幻のようにあっけないものだ。

エ 世の中は、所詮幻のようにはかないものでしかない。

〔　　〕

第二段落

6 「行く春や」（一〇七・6）の句について、次のような評がある。空欄①・②に該当する言葉をあとのア～カからそれぞれ選び、記号で答えなさい。

「行く春や」の句は、〔 ① 〕の情を「鳥啼き魚の目は涙」という生き生きとした具体的な姿で表現したのであるが、その情に託しながら見送りの人々に対する〔 ② 〕の情をこめているのである。

ア 哀惜　イ 惜別　ウ 追慕

エ 旅愁　オ 惜春　カ 春愁

①〔　　〕　②〔　　〕

7 「行く道なほ進まず。」（一〇七・7）とあるが、なぜか。その理由を十五字以内で説明しなさい。

全体

8 この文章における芭蕉の心情は、どのようなものか。次から選びなさい。▼学習二

ア 時の流れは永遠であるが、有限の生命を持つ人間は、その中でなすすべもない。悟りに似た心境で、心静かに旅に出るのである。

イ 人生は旅であるから、旅に出ることは必然の成り行きである。別れはつらいが、出発すると、もう心は旅先へと浮き立つのである。

ウ 自然を詠ずるのが俳諧である。旅によってのみ自然にふれることができると、人々とのしがらみをふりきって旅に出るのである。

エ 月日は旅人のようなものであり、人生もまた旅である。何においても旅をしたいという気持ちをおさえることができず出立するのである。

〔　　〕

学習目標 俳文の表現の特色を理解し、作品に表れた作者の思想や心情を捉える。

奥の細道（平泉・立石寺）

教科書p.108～p.111

検印

展開の把握 ――― 思考力・判断力・表現力

1 〔平泉〕 次の空欄に適語を入れて、内容を整理しなさい。

第一段落 高館に登る	第二段落 光堂を見る
（初め～p.108 ℓ.9）	（p.108 ℓ.10～終わり）
「夏草や」の句をよむ	「五月雨の」の句をよむ
・［藤原三代の〔ア　　〕］↓滅ぶ。＝山河だけが当時の形を残している。 ・［義経主従の奮戦］の跡（高館）↓〔イ　　〕が茂っている。 ←［人間の営み］の〔ウ　　〕を思って、「夏草や」の句をよんだ。	・中尊寺の二堂を拝した。 荘厳な〔エ　　〕↓朽ちて廃墟となるところであった。 ↓〔オ　　〕が造られた。 ＝千年の昔をしのぶ〔カ　　〕として保存。 「五月雨の」の句をよんだ。

2 〔立石寺〕 次の空欄に適語を入れて、内容を整理しなさい。

全一段落 立石寺に参詣	
（初め～ p.110 ℓ.4）	（p.110 ℓ.4～終わり）
立石寺に引き返す	「閑かさや」の句をよむ
・立石寺＝山形藩の領内にある〔ア　　〕↑一度見ておくとよい。 日暮れまでに時間がある ↓山の〔イ　　〕に宿を借り、〔ウ　　〕の堂に登った。	・諸寺院＝〔エ　　〕を閉じる。↓物音一つしない〔オ　　〕である。 仏堂に参詣 ↓心が全く〔カ　　〕ゆく思いで、「閑かさや」の句をよんだ。

語句・文法 ――― 知識・技能

1 次の語の意味を調べなさい。

p.108 ℓ.5 ①さても〔　　〕

ℓ.13 ②かたみ〔　　〕

p.110 ℓ.1 ③開基〔　　〕

2 次の太字の「なり」「なる」は、あとのア～オのいずれにあたるか。それぞれ選びなさい。

p.108 ℓ.1 ①秀衡が跡は田野に**なり**て、〔　　〕

ℓ.2 ②南部より流るる大河**なり**。〔　　〕

ℓ.5 ③功名一時の草むらと**なる**。〔　　〕

ア 四段活用動詞　イ 断定の助動詞

ウ 推定の助動詞　エ 伝聞の助動詞

オ 形容動詞活用語尾

3 次の太字の音便形になっている語を、もとの形に書き改めなさい。

p.108 ℓ.5 ①義臣**すぐつて**〔　　〕

p.110 ℓ.2 ②人々の勧むるに**よつて**、〔　　〕

4 次の太字の文法的説明は、あとのア～エのいずれにあたるか。それぞれ選びなさい。

p.110 ℓ.1 ①慈覚大師の**開基にして**、〔　　〕

ℓ.4 ②岩に巌を重ねて**山とし**、〔　　〕

ℓ.6 ③佳景**寂寞として**心澄みゆくのみおぼゆ。〔　　〕

ア 名詞＋助詞＋サ行変格活用動詞

イ 名詞＋助詞＋サ行変格活用動詞＋助詞

ウ 名詞＋断定の助動詞＋助詞

エ タリ活用形容動詞＋助詞

内容の理解 ― 思考力・判断力・表現力

〔平泉〕

全体

1 (A)「夏草や」(一〇八・8)、(B)「卯の花に」(一〇八・9)、(C)「五月雨の」(一〇八・14)の句について、季語と切れ字をそれぞれ答えなさい。

(A)季語〔　　〕切れ字〔　　〕
(B)季語〔　　〕切れ字〔　　〕
(C)季語〔　　〕切れ字〔　　〕

第一段落

2「国破れて山河あり、城春にして草青みたり。」(一〇八・5)は、杜甫の「春望」の詩の一節である。杜甫の詩は、安史《あんし》の乱の際、反乱軍に囲まれた状況の中にあって、乱世を憂えてよんだものであるが、芭蕉は杜甫と違った意味でこの詩句を口ずさんでいる。その芭蕉の気持ちとして適当なものを、次から選びなさい。

ア 自然の賛美　イ 旅泊の寂しさ
ウ 転変の嘆き　エ 永遠への憧れ　〔　　〕

3「卯の花に」(一〇八・9)の句で、曽良は兼房のどのような姿を眼前に思い浮かべていたと思うか。その姿を、十五字以内で具体的に説明しなさい。

第二段落

4「五月雨の降り残してや光堂」(一〇八・14)とあるが、この句には芭蕉のどのような心情が込められていると思うか。次から選びなさい。▼学習一

ア 周囲は五月雨の降る中、光堂だけは別世界であるという幻想。
イ この光堂だけは、永遠に五月雨が降り残してほしいという希望。
ウ 五月雨が上がって、太陽にきらきらと光る光堂に対する感動。
エ 長い年月、風雪に耐えてきた光堂に対する賛嘆。　〔　　〕

第二段落

5 この文章の後半(第二段落)の文章表現において、特に目立つ点が二つある。その二つの特色を、次から選びなさい。

ア 比喩　イ 対句　ウ 擬態語　エ 数詞
オ 縁語　カ 連体止め　〔　　〕〔　　〕

〔立石寺〕

6「閑かさや」(一一〇・7)の句について、季語と切れ字をそれぞれ答えなさい。

季語〔　　〕切れ字〔　　〕

7「岩に巌を重ねて山とし、」(一一〇・4)とあるが、「重ねて山とし」は他動詞の表現で、論理的には正しくない。普通の自動詞の表現八字に書き改めなさい。

全体

8 芭蕉は、初案「山寺や石にしみつく蟬の声」、再案「さびしさや岩にしみこむ蟬の声」の推敲《すいこう》の過程を経て、三案「閑かさや岩にしみ入る蟬の声」(一一〇・7)の句を得ている。次の鑑賞文は、どの句に該当するか。それぞれ適当なものを選びなさい。▼学習一

ア 印象的な実感を深めるとともに、有為転変するはかない人生の相を感じさせる。
イ 作者の心と自然の情景とが一つに融け合って、自然の生命(閑寂の相)を捉えている。
ウ 主観的な詠嘆が強く、人間臭くなり、それだけに深みがない。また、岩に摂取される蟬の声の感じも弱い。
エ その場での挨拶の意をこめて土地の呼び名を生かしたが、説明的すぎる感があり、蟬の声も岩の表面にとどまる感じである。
オ 仏閣を参拝する敬虔《けいけん》な思いを吐露し、純粋な宗教的態度を表した荘厳な句である。

初案〔　　〕再案〔　　〕三案〔　　〕

学習目標　文語で書かれた詩を読解し、作者の心情を捉える。

甃のうへ（三好達治）

教科書p.116〜p.117

検印

漢字・語句

知識・技能

1 太字の仮名を漢字に直しなさい。

p.116 ℓ.11 ①身長を**はか**〔　　〕る。

ℓ.11 ②体重を**はか**〔　　〕る。

2 太字の漢字の読みを記しなさい。

p.116 ℓ.6 ①**寺院**〔　　〕を訪れる。

ℓ.11 ②**影響**〔　　〕を受ける。

3 次の語句の意味を調べなさい。

p.116 ℓ.1 ①あはれ〔　　〕

ℓ.2 ②をみなご〔　　〕

展開の把握

思考力・判断力・表現力

○次の空欄に適語を入れて、大意を整理しなさい。

前半（初め〜p.116ℓ.6）

寺の境内→〔ア　　〕〔　　〕が風にのって流れを作る

⇩翳りなき

少女たち→語らいながら歩く

〔イ　　〕→空に響いて流れる

〔ウ　　〕→空を見上げる

⇦うららか

後半（p.116ℓ.7〜終わり）

寺の〔エ　　〕→緑色にしっとりしている

〔オ　　〕→鳴ることもなく静か

作者→影を〔カ　　〕の上に歩ませるだけ

⇦〔キ　　〕なる＝孤独

内容の理解

思考力・判断力・表現力

1 「ながれ」という言葉の繰り返しは、この詩にどのような効果をもたらしているか。次から選びなさい。　▼学習二

ア　桜の花を散らす風の流れと過ぎゆく時間の流れを重ねて表す効果。

イ　桜の花が舞う春の、浮き浮きした気分をリズミカルに表す効果。

ウ　桜の花びらのように、行く末のわからない自分の姿を強調する効果。

エ　散りゆく桜の花に対する作者の哀惜の思いを印象的に表す効果。

〔　　〕

2 「翳りなきみ寺の春をすぎゆくなり」（一一六・6）には、「をみなご」のどういう姿が描かれているのか。四十字以内でわかりやすく説明しなさい。

3 「わが身の影をあゆまする甃のうへ」（一一六・11）に表された心情はどういうものか。十字以内で書きなさい。　▼学習四

学習目標　詩独特の表現技法や構成を理解する。

一つのメルヘン（中原中也）

教科書 p.118～p.119

検印

漢字・語句　知識・技能

1 太字の仮名を漢字に直しなさい。

p.118 ℓ.6 ①**ひじょう**〔　　〕に驚く。

p.118 ℓ.6 ②**ふんまつ**〔　　〕の薬。

2 太字の漢字の読みを記しなさい。

p.118 ℓ.2 ①**河原**〔　　〕で遊ぶ。

p.119 ℓ.4 ②**川床**〔　　〕に流れる。

3 次の語句の意味を調べなさい。

p.118 ℓ.1 ①はるかの

〔　　〕

p.118 ℓ.7 ②さればこそ

〔　　〕

展開の把握　思考力・判断力・表現力

○次の空欄に適語を入れて、大意を整理しなさい。

第一連	起	時…秋の夜　場所…〔ア〕ばかりの河原＝水が少ない ・さらさらと〔イ〕が射している
第二連	承	陽＝硅石《けいせき》かなにかのよう・非常な〔ウ〕のよう ・さらさらと〔エ〕を立てている
第三連	転	小石の上↓〔オ〕がとまる ・淡い、くっきりとした〔カ〕を落とす
第四連	結	蝶↓いなくなる ・さらさらと川床に〔キ〕が流れる

内容の理解　思考力・判断力・表現力

1 この詩の形式を答えなさい。　▼学習一

〔　　〕

2 次の文は、第一連～第四連の各連について説明したものである。それぞれの連にふさわしい文を選びなさい。

ア　潤いと優しさとに満ちた生の世界への郷愁がうたわれている。

イ　微視的な視点で硬く乾いた不毛な心象世界が描かれている。

ウ　たいへん幻想的で無機質な世界であり、何か死を連想させる。

エ　一つの生命の登場で、動的で有機的な世界へと転換している。

第一連〔　〕　第二連〔　〕　第三連〔　〕　第四連〔　〕

3 各連末の「ゐるのでありました」「ゐるのでした」は、どのような効果を上げているか。三十字以内で説明しなさい。　▼学習一

学習目標　作品に込められた作者の批判精神を読み取る。

自分の感受性くらい（茨木のり子）

教科書p.120～p.121

検印

漢字・語句　知識・技能

1 太字の仮名を漢字に直しなさい。

p.120 ℓ.1 ①洗濯物が**かわ**〔　〕く。
ℓ.3 ②注意を**おこた**〔　〕る。
p.121 ℓ.4 ③何をやっても**だめ**〔　〕だ。

2 太字の漢字の読みを記しなさい。

p.120 ℓ.9 ①運転が**下手**〔　〕だ。
p.121 ℓ.4 ②**一切**〔　〕の責任を負う。
ℓ.6 ③権利を**放棄**〔　〕した。

3 次の語句の意味を調べなさい。

p.120 ℓ.8 ①近親〔　〕
p.121 ℓ.6 ②尊厳〔　〕

展開の把握　思考力・判断力・表現力

○次の空欄に適語を入れて、大意を整理しなさい。

第一連	第二連	第三連
「～のせいにするな」		
〔ア〕のせいにするな ↓ みずから〔イ〕を怠った。	〔ウ〕のせいにするな ↓ 自分が〔エ〕を失った。	〔オ〕のせいにするな ↓ 〔カ〕だったのはわたくし。

第四連	第五連	第六連
「～のせいにするな」		叱る
〔キ〕のせいにするな ↓ そもそもが〔ク〕だった。	〔ケ〕のせいにするな ↓ 〔コ〕につながる。	「ばかものよ」 ↓ 自分の〔サ〕は自分で守れ。

内容の理解　思考力・判断力・表現力

1 「ぱさぱさに乾いてゆく心」（三〇・1）とはどのような心か。次から選びなさい。

ア　他者への関心を喪失した孤独な心。
イ　みずみずしさを失った無味乾燥な心。
ウ　何もかも自分が悪いと卑屈になる心。
エ　移り気で落ち着きのない心。　〔　〕

2 「ばかものよ」（三一・9）について答えなさい。

(1) この叱責の対象を二つ答えなさい。
〔　〕〔　〕

(2) これは、どのようなことに対する叱責か。「感受性」という言葉を用いて三十字以内で説明しなさい。　▼学習二

3 この詩の中ではどのような生き方が大切であると示されているか。適当でないものを、次から選びなさい。

ア　周囲の人々に寛容に接すること。
イ　うまくいかない原因を自分の外部に求めないこと。
ウ　経済的に困窮しないようしっかり働くこと。
エ　強い信念を持ちそれを貫くこと。　〔　〕

学習目標　「I was born」という言葉がどのようなイメージで捉えられているかを読み取る。

I was born（吉野　弘）

教科書p.122～p.125　検印

漢字・語句　知識・技能

1 太字の仮名を漢字に直しなさい。

p.122 ℓ.5 ①**じゅうなん**〔　　〕なうごめき。
p.123 ℓ.2 ②**こうふん**〔　　〕して話す。
p.123 ℓ.7 ③**むじゃき**〔　　〕な表情。

2 太字の漢字の読みを記しなさい。

p.122 ℓ.2 ①**境内**〔　　〕を歩く。
p.123 ℓ.1 ②考えが**飛躍**〔　　〕しやすい。
p.124 ℓ.1 ③**充満**〔　　〕している。

3 次の語句の意味を調べなさい。

p.123 ℓ.2 ①諒解〔　　〕
p.124 ℓ.5 ②せつない〔　　〕

展開の把握　思考力・判断力・表現力

○次の空欄に適語を入れて、大意を整理しなさい。

起（第一連～第四連）	承（第五連）	転（第六連）	結（第七連）
〔ア　〕を習い始めて間もない、ある夏の宵、「僕」は〔イ　〕とすれ違い、世に生まれ出ることの〔ウ　〕に打たれた。	〔エ　〕が受身形であることを思い出して父に話す。←人間は〔オ　〕んだ。	父は無言で暫く歩いた後、〔カ　〕の話と「僕」の誕生で〔キ　〕が死んだ話をする。	「僕」は自分の〔ク　〕が母の胸までふさぐ情景を思い描いた。

内容の理解　思考力・判断力・表現力

1 「――やっぱり　I was born　なんだね――」（一二三・3）と父に言っているときの「僕」の様子を、簡潔に説明しなさい。　▼学習二

〔　　〕

2 「――I was born さ。受身形……ないんだね――」（一二三・5～6）という息子の言葉を聞いた父はどのような様子だったか。「生まれる」「深い意味」の語句を用いて三十字以内で書きなさい。

3 父は蜉蝣の話によって息子に何を伝えたかったと思われるか。次から選びなさい。

ア　少年の生は母の死という犠牲に支えられているのだから、それに感謝して有意義に生きるべきだ。
イ　少年の生は母の死と引き換えに得られたかけがえのないものであるという現実を、受身ではなく生き物の宿命として前向きに受け止めてほしい。
ウ　蜉蝣に比べれば、人間にはより多くの時間が与えられているのだから、幸せな生を送れるはずだ。
エ　人間の生は、他の生物とは違う自覚的なものであり、どう生きるか常に考えながら生きていくところに意味がある。

〔　　〕

学習目標　短歌の鑑賞のしかたを理解する。

その子二十

教科書 p.126～p.131

検印

漢字

1 太字の仮名を漢字に直しなさい。

p.126 ℓ.2 ①櫛にながれる**くろかみ**〔　　〕。
ℓ.2 ②**はる**〔　　〕が来る。
ℓ.3 ③**やわはだ**〔　　〕のあつい血汐。
ℓ.4 ④**ぎょい**〔　　〕にかなう。
ℓ.4 ⑤古文を**かいしゃく**〔　　〕する。
ℓ.4 ⑥**あま**〔　　〕になる。
p.127 ℓ.7 ⑦**つま**〔　　〕としたしむ。
ℓ.8 ⑧みぞれ**ふ**〔　　〕る石狩の野。
ℓ.9 ⑨**きしゃ**〔　　〕で物語を読む。
p.128 ℓ.2 ⑩海のあおにも**そ**〔　　〕まらない。
ℓ.3 ⑪山を**こ**〔　　〕える。
ℓ.3 ⑫**さび**〔　　〕しさがはてる。
ℓ.6 ⑬涎を**た**〔　　〕らす。
ℓ.8 ⑭**となり**〔　　〕の家。
p.129 ℓ.2 ⑮錐を**たたみ**〔　　〕に刺す。
ℓ.4 ⑯**ちんもく**〔　　〕のわれ。
ℓ.8 ⑰**て**〔　　〕る月。

2 太字の漢字の読みを記しなさい。　知識・技能

p.126 ℓ.1 ①被害者に**謝罪**〔　　〕する。
ℓ.1 ②**水晶**〔　　〕の玉をなでる。
ℓ.2 ③来年で**二十**〔　　〕になる。
ℓ.3 ④道を**説**〔　　〕く君。
ℓ.3 ⑤**君子**〔　　〕危うきに近寄らず。
ℓ.4 ⑥**倉庫**〔　　〕に隠れる。
ℓ.4 ⑦**仏典**〔　　〕を読む。
ℓ.4 ⑧**美男**〔　　〕美女に囲まれる。
ℓ.4 ⑨**夏木立**〔　　〕を眺める。
p.127 ℓ.2 ⑩母を**背負**〔　　〕う。
ℓ.3 ⑪**泣**〔　　〕きながら歩く。
p.128 ℓ.3 ⑫りんごを**幾**〔　　〕つも食べる。
ℓ.4 ⑬**一羽**〔　　〕の鳥が飛んでいる。
ℓ.6 ⑭**我**〔　　〕の姿を見よ。
ℓ.6 ⑮み顔の**尊**〔　　〕さ。
p.129 ℓ.6 ⑯林檎の**香**〔　　〕のごとくふれ。
ℓ.8 ⑰眼を**凝**〔　　〕らす。

語句

1 次の太字の語句の意味を調べなさい。　知識・技能

p.127 ℓ.2 ①**たはむれに**母を背負ひて
〔　　〕

p.128 ℓ.6 ②**ひたぶるに**我を見たまふ
〔　　〕

2 次の古語の意味を調べなさい。

p.126 ℓ.4 ①釈迦牟尼は美男に**おはす**
〔　　〕

p.128 ℓ.7 ②みづうみの氷は解けて**なほ**寒し
〔　　〕

3 次の空欄に適当な助詞を入れなさい。

p.126 ℓ.3 ①やは肌のあつき血汐にふれも見〔　　〕さびしからずや道を説く君
p.128 ℓ.3 ②幾山河越えさり行かば寂しさのはてなむ国〔　　〕今日も旅ゆく
p.129 ℓ.7 ③昼〔　　〕幽かに光る蛍一つ孟宗の藪を出でて消えたり
ℓ.8 ④照る月の冷さだかなるあかり戸に眼は凝らし〔　　〕盲ひてゆくなり

要点の整理

1 次の各歌の主題として適当なものを、それぞれあとから選びなさい。

・その子二十〔　　〕　・やは肌の〔　　〕　・鎌倉や〔　　〕
・たはむれに〔　　〕　・友がみな〔　　〕　・みぞれ降る〔　　〕
・白鳥は〔　　〕　・幾山河〔　　〕　・海鳥の〔　　〕

ア 荒涼としたロシアの大地に生きた作家の姿を、みぞれが降る石狩の野を走る汽車の中で自己に重ねた過去の回想。
イ 道徳や倫理という、人が生きるべき「道」を説く男性に対する情熱的な女性の、大胆かつ挑発的な恋の呼びかけ。
ウ 友達から取り残されたことから生じた孤独と失意のなかで生きている作者を、ただ一人慰めてくれる妻との心のつながり。
エ 寂しさの終わる国を求める憧憬と、そんな国などないのではないかという疑問が交錯した感傷。
オ すいたときに櫛に流れるような豊かな髪に象徴される、自信に満ちた青春を送る女性の誇りと美しさ。
カ 色彩の対照性によって浮かび上がる、広大な自然の中を漂う白鳥の孤独と、それに重ねた青春の悲哀と浪漫性。
キ 母を背負うという行為が一転して生活の苦しさという現実を呼び起こしてしまい、迫ってきた嘆きと悲しみ。
ク 信仰の対象である仏像に、美男子の面影を見つけ出すという、偶像を破壊するような斬新な発想と大仏への親近感。
ケ 冷静に見ることに徹した態度の背後にある荒涼とした虚無感。

2 次の各歌の主題として適当なものを、それぞれあとから選びなさい。

・ひたぶるに〔　　〕　・みづうみの〔　　〕　・隣室に〔　　〕
・この心〔　　〕　・のど赤き〔　　〕　・沈黙の〔　　〕
・君かへす〔　　〕　・昼ながら〔　　〕　・照る月の〔　　〕

ア 隣室で本を読む子供の低く小さな声を聞いたときに、自分の死を意識しつつ、心の底から生じた生きたいという無量の思い。
イ 藪の暗さと外光の明るさという対照的な光景の中に、かすかに見え、ふと消えた蛍の持つ生命力のはかなさ。
ウ 暗く沈んだ気持ちを黒い葡萄の色に投影させながら表している自己を責める気持ち。
エ 写生に徹して獲得した、月光と湖水の冷たさという、初春の自然の幽寂とした姿。
オ 切迫した苦しい心情をなんとか解消しようとして、鋭くとがった錐に託した強い意志。
カ 視力が失われていくことへの恐れを感じつつ、視線の美しさを見極めようとする、自分の眼力に対する強い意識。
キ 小さな生命体の「玄鳥」とともに見守る、死にゆく母に対する祈り。
ク 死期が近づきつつあるものの、懸命に死と闘っている父を直視している息子の尊敬と情愛。
ケ 真っ白な雪の上を帰る人を見送りながら、林檎の香りのようにさわやかな別れを願う心情。

内容の理解

知識・技能　思考力・判断力・表現力

与謝野晶子

1 「その子二十…」の歌の中に、「二十」と年齢を入れる効果について説明した次の空欄にあてはまる言葉を、次から選びなさい。 ▼学習四

「その子」の〔　　〕を表現する効果。

ア 美しさ　イ 若々しさ　ウ 奥ゆかしさ　エ 優しさ　〔　　〕

2 「やは肌の…」の歌について、「あつき血汐」は、何をたとえたものか。十字以内で答えなさい。

3 「鎌倉や…」の歌について、この歌が、「人間性の息吹の中で捉え得た浪漫的心情」と評される理由を、歌中の語句を用いて、四十五字以内で説明しなさい。

石川啄木

4 「たはむれに…」の歌について、母の苦労を象徴している語句を、歌中から抜き出しなさい。

〔　　〕

5 「友がみな…」の歌について、この歌の説明として適当なものを、次から選びなさい。

ア 他者への羨望と絶望的な人生観を感じさせる。
イ 友との別れのつらさと家族への愛を訴えている。
ウ 自己へのあわれみとささやかな慰みの情を表している。
エ 喪失の悲しみと、人生への無力感が込められている。

〔　　〕

石川啄木

6 「みぞれ降る…」の歌について、「ツルゲエネフの物語かな」に込められた作者の心情を説明しなさい。

〔　　〕

若山牧水

7 「白鳥は…」の歌について、次の解説文の空欄にあてはまる語句を、歌中から抜き出して答えなさい。 ▼学習一

「白鳥はかなしからずや」と強く主観を出し、以下、深く澄んだ〔①〕、海のあおの、その一色の青にまぎれずに漂うというのである。青と〔②〕のコントラストを鮮明に出し、広大な自然に浮かぶ〔③〕の孤高の姿に、青春の悲哀と浪漫性を漂わせている。

①　②　③

8 「幾山河…」の歌について、この歌の中心となる部分を抜き出しなさい。

〔　　〕

9 「海鳥の…」の歌について、「風にさからふ一ならび」とは、何のどういう状態を述べたものか。説明しなさい。

島木赤彦

10 「ひたぶるに…」の歌について、「尊さ」とあるが、作者は何が「尊い」と言っているのか。十五字以内で答えなさい。

〔　　〕

11 「みづうみの…」の歌について、次の解説文の空欄にあてはまる語句を、歌中から抜き出して答えなさい。 ▼学習一

島木赤彦

【　①　】と空の雄大な自然を上と下に置き、凍りつくような鋭さを持った線の細い【　②　】を一枚の絵として見せている。その情景は、作者に【　③　】という実感を促している。

①【　　】
②【　　】
③【　　】

12 **「隣室に…」の歌について、「生きたかりけり」に込められた作者の心情を、次から選びなさい。**

ア　自らの死を見つめる悲痛さの中で、思わず吐き出した切実な思い。
イ　死を目前にして、納得のいく人生を送ることのできた満足感。
ウ　迫り寄る死に背を向けて、現実から逃避したいという願望。
エ　死ぬ前に子供と過ごす時間を持てた幸福感。　【　】

斎藤茂吉

13 **「この心…」の歌について、「この心葬り果てん」に込められた作者の心情を、二十字以内で説明しなさい。**

【　　】

14 **「のど赤き…」の歌について、次の問いに答えなさい。**

(1)「のど」の「赤」は何を表しているのか。八字以内で答えなさい。

【　　】

(2)「のど赤き玄鳥」と「死にたまふ」「母」の対照の効果を次から選びなさい。

ア　温かい雰囲気を出す効果。
イ　描写の正確さを印象づける効果。
ウ　作者の悲しみをより強く出す効果。
エ　色彩の印象を強める美術的効果。　【　】

斎藤茂吉

15 新傾向 **「沈黙の…」の歌を作者がどんなときに作ったかについて、生徒が発言している。作者の状況を的確に捉えているものを、次から選びなさい。** ▶学習二

生徒A：作者が心重く、暗く沈んでいるときによんだものだね。
生徒B：作者の憎悪が心の中に充満していて攻撃的になったときかな。
生徒C：作者は心静かに落ち着いているように感じるよ。
生徒D：作者は楽しいことがあったのかな。うきうきとした気持ちが伝わってくるよ。

生徒【　】

北原白秋

16 **「君かへす…」の歌について、「さくさくと」に込められた二つの意味を説明しなさい。**

【　　】

17 **「昼ながら…」の歌について、「消えたり」という表現で作者が言い表したかったことは何か。説明しなさい。**

【　　】

18 **「照る月の…」の歌について、「冷さだかなる」の意味を述べなさい。**

【　　】

全体

19 **次の短歌の句切れを書きなさい。** ▶学習三

①幾山河越えさり行かば寂しさのはてなむ国ぞ今日も旅ゆく　【　】
②みづうみの氷は解けてなお寒し三日月の影波にうつろふ　【　】
③鎌倉や御仏なれど釈迦牟尼は美男におはす夏木立かな　【　】

学習目標　俳句の鑑賞のしかたを理解する。

こころの帆

教科書p.132～p.137

検印

漢字

1 太字の仮名を漢字に直しなさい。

① はいく〔　〕をよむ。（p.132 ℓ.2）
② 酒がいっと〔　〕入った樽。（p.132 ℓ.4）
③ こうや〔　〕を馬車が行く。（p.133 ℓ.2）
④ 初志をかんてつ〔　〕する。（p.133 ℓ.3）
⑤ ろうじん〔　〕福祉を考える。（p.133 ℓ.7）
⑥ あいかん〔　〕が漂う情景。（p.133 ℓ.7）
⑦ せんとう〔　〕態勢に入る。（p.133 ℓ.8）
⑧ にわとり〔　〕の鳴き声。（p.133 ℓ.8）
⑨ 動物をしいく〔　〕する。（p.133 ℓ.8）
⑩ ようさん〔　〕の盛んな地方。（p.134 ℓ.2）
⑪ さぎ〔　〕に遭う。（p.134 ℓ.6）
⑫ 書きぞ〔　〕めの展覧会。（p.134 ℓ.7）
⑬ こくはく〔　〕を聞く。（p.135 ℓ.2）
⑭ はつが〔　〕を観察する。（p.135 ℓ.3）
⑮ こうや〔　〕の白袴。（p.135 ℓ.6）
⑯ 燃え盛るほのお〔　〕。（p.135 ℓ.8）
⑰ 順風まんぱん〔　〕。（p.135 ℓ.8）

2 太字の漢字の読みを記しなさい。　知識・技能

① 雪の深さを尋〔　〕ねる。（p.132 ℓ.3）
② 荒波〔　〕が打ち寄せる。（p.133 ℓ.2）
③ 自分の考えを貫〔　〕く。（p.133 ℓ.3）
④ 老〔　〕いを迎える。（p.133 ℓ.7）
⑤ 哀〔　〕れな境遇。（p.133 ℓ.7）
⑥ 闘鶏〔　〕の眼。（p.133 ℓ.8）
⑦ 動物を飼〔　〕う。（p.133 ℓ.8）
⑧ 蚕〔　〕と桑の葉。（p.134 ℓ.2）
⑨ 菊〔　〕の花が咲く。（p.134 ℓ.3）
⑩ 群青〔　〕色。（p.134 ℓ.4）
⑪ 人を欺〔　〕く。（p.134 ℓ.6）
⑫ 歯が生〔　〕える。（p.134 ℓ.7）
⑬ 沖〔　〕に浮かぶ船。（p.134 ℓ.8）
⑭ 木の芽〔　〕を観察する。（p.135 ℓ.3）
⑮ 紺〔　〕に染まった空。（p.135 ℓ.6）
⑯ 炎天〔　〕の下。（p.135 ℓ.8）
⑰ 船の帆〔　〕。（p.135 ℓ.8）

語句

1 次の言葉が表す様子(情景)を説明しなさい。　知識・技能

① いくたびも（p.132 ℓ.3）〔　〕
② 去年今年（p.133 ℓ.3）〔　〕
③ 死にどころなく（p.133 ℓ.6）〔　〕
④ 鷹のつら（p.133 ℓ.7）〔　〕
⑤ 高嶺星（p.134 ℓ.2）〔　〕
⑥ 万緑（p.134 ℓ.7）〔　〕
⑦ つきぬけて（p.135 ℓ.6）〔　〕

要点の整理

1 次の各句の主題として適当なものを、それぞれあとから選びなさい。

・三千の（　　）　・いくたびも（　　）
・痰一斗（　　）　・山国の（　　）
・去年今年（　　）　・手毬唄（　　）
・冬蜂の（　　）　・鷹のつら（　　）
・闘鶏の（　　）　・高嶺星（　　）
・冬菊の（　　）　・滝落ちて（　　）

ア　臨終の切迫感や悲痛感。
イ　一貫して変わることのない時間の流れ。
ウ　威厳あるものの老残のあわれさ。
エ　闇に沈む山間の村を包む静けさ。
オ　滝の轟音《ごうおん》と激しい魂の揺るぎ。
カ　山国の蝶の荒々しさ。
キ　哀感と可憐な美しさ。
ク　少年時代への郷愁。
ケ　非情なあわれさ、生の厳しさ。
コ　仕事を終えた後の解放感。
サ　冬菊の寂しさと凛とした清澄さ。
シ　老残の身への憐憫《れんびん》。

2 次の各句の主題として適当なものを、それぞれあとから選びなさい。

・冬の水（　　）　・万緑の（　　）
・玫瑰や（　　）　・鰯雲（　　）
・隠岐やいま（　　）　・木の葉ふりやまず（　　）
・つきぬけて（　　）　・海に出て（　　）
・炎天の（　　）

ア　思いを秘める覚悟。
イ　少年時代への懐かしさと未来への新たな決意。
ウ　帰るべき所を持たないすさまじさ。
エ　紺碧《こんぺき》の秋空と深紅の花の鮮明さ。
オ　旺盛な生命力。
カ　激しくぶつかり競うような生命の躍動。
キ　高ぶる内心への呼びかけ。
ク　孤独の寂寥《せきりょう》感。
ケ　澄み切った水の静けさと厳粛さ。

知識・技能　思考力・判断力・表現力

3 次の各句の季語を（　）に、季節を（　）に記入しなさい。 ▶学習一

・三千の（　　）（　）
・いくたびも（　　）（　）
・痰一斗（　　）（　）
・山国の（　　）（　）
・去年今年（　　）（　）
・手毬唄（　　）（　）
・冬蜂の（　　）（　）
・鷹のつら（　　）（　）
・闘鶏の（　　）（　）
・高嶺星（　　）（　）
・冬菊の（　　）（　）
・滝落ちて（　　）（　）
・冬の水（　　）（　）
・万緑の（　　）（　）
・玫瑰や（　　）（　）
・鰯雲（　　）（　）
・隠岐やいま（　　）（　）
・木の葉ふりやまず（　　）（　）
・つきぬけて（　　）（　）
・海に出て（　　）（　）
・炎天の（　　）（　）

内容の理解

知識・技能　思考力・判断力・表現力

正岡子規

1 「三千の俳句…」の句で、「柿二つ」はどこにあるか。説明しなさい。

2 「いくたびも…」の句について、次の問いに答えなさい。

(1) 誰が誰に尋ねているのか。説明しなさい。

(2) この句は行為だけを叙した句であるが、この句の背後にある作者の心情として適当なものを、次から二つ選びなさい。

ア　もどかしさ　イ　いらだち　ウ　あきらめ
エ　郷愁　オ　悲哀　カ　哀愁

3 「痰一斗…」の句で、何が何に「間にあはず」なのか。説明しなさい。

高浜虚子

4 「山国の…」の句で、「山国の蝶」のどんな点を「荒し」と表現しているのか。次から選びなさい。

ア　ひらひらと飛び回っている、その飛び方。
イ　鮮やかな極彩色を示している、その羽の色。
ウ　寒冷の地で生き抜いている、その生命力。
エ　力強く自己を主張する、その存在感。

5 「去年今年…」の句で、「棒の如きもの」という表現から、作者のどのような感慨が読み取れるか。次から選びなさい。　▼学習三

ア　変化のない自己の生活に対する深い失望感。
イ　進歩のない自己の生活に対するやりきれない無力感。
ウ　平凡な自己の生活に対するゆるぎない自信。
エ　生活に窮し、身動きがとれない閉塞感。

高浜虚子

6 「手毬唄…」の句で、何がかなしく、何がうつくしいのか。それぞれ十字以内で答えなさい。　▼学習三

　　　　がかなしく、
　　　　がうつくしい。

村上鬼城

7 「冬蜂の…」の句で、作者の主観が反映されている部分を、句の中から抜き出しなさい。

8 「鷹のつら…」の句で、「顔」ではなく「つら」と表現することで、どのような効果がもたらされているか。次から選びなさい。

ア　「鷹」の精悍《せいかん》で不敵な面構えを連想させる効果。
イ　俗な言葉を使うことにより、滑稽味を出す効果。
ウ　仮名表現によりリズム感をより鮮明にする効果。
エ　鷹に対する作者の憎しみを表現する効果。

9 「闘鶏の…」の句から、対象を鋭く把握している部分を抜き出しなさい。

水原秋桜子

10 「高嶺星…」の句で、「蚕飼の村」全体の眠り方とは、どのようなものか。次から選びなさい。

ア　孤独と不安の眠り　イ　疲労と困憊《こんぱい》の眠り
ウ　安堵《あんど》と充足の眠り　エ　怠惰と諦めの眠り

水原秋桜子

11「冬菊の…」の句で、「冬菊」の何に焦点があてられているのか。次から選びなさい。

ア 花　イ 葉　ウ 茎　エ 種　〔　〕

12「滝落ちて…」の句で、「群青世界」とは、どういう世界を言っているのか。次から選びなさい。

ア 滝壺《たきつぼ》の色と滝の上の青空とが一体となった世界。
イ 滝壺の色と周囲の山杉が一体となっている世界。
ウ 滝壺の色と周囲の夕闇が一体となっている世界。
エ 滝壺の色と水面に映る空とが一体となった世界。　〔　〕

13「冬の水…」の句で、「欺かず」とはどのようなことを言っているのか。説明しなさい。

〔　〕

中村草田男

14「万緑の……」の句について、次の問いに答えなさい。

(1) 色彩の対比が見られるが、何色と何色か。

〔　〕色と〔　〕色

(2) この句には、漢語と和語の対比が見られる。それぞれの句の中から抜き出しなさい。

漢語〔　〕　和語〔　〕

15「玫瑰や…」の句で、「玫瑰」と「沖」と作者の位置関係を説明しなさい。

〔　〕

加藤楸邨

16「鰯雲…」の句で、「鰯雲」のイメージから感じられることとして適当なものを、次から選びなさい。

ア 孤独・絶望　イ 微妙・繊細　ウ 優雅・華麗
エ 粗末・無意味　〔　〕

加藤楸邨

17「隠岐やいま…」の句について、次の問いに答えなさい。

(1) 承久の乱で敗れて「隠岐」に流された人物は誰か。次から選びなさい。

ア 醍醐天皇　イ 後白河院　ウ 後鳥羽院　エ 後醍醐天皇　〔　〕

(2) 切れ字「かな」の表現効果として適当なものを、次から選びなさい。 ▼学習二

ア 呼びかけ　イ 感動　ウ 同意　エ 句の分割　〔　〕

18「木の葉ふりやまず…」の句で、「いそぐないそぐなよ」は二者への言い聞かせの言葉と解される。何と何への言い聞かせか、説明しなさい。

〔　〕

山口誓子

19「つきぬけて…」の句で、「つきぬけて」には二通りの意味が考えられる。それぞれを述べなさい。

〔　〕
〔　〕

20「海に出て…」の句で、どのような海を思い浮かべたらよいか。次から選びなさい。

ア 風がなく波も穏やかな海。
イ 荒涼と広がる厳冬の海。
ウ 日差しがぎらぎらと照りつけている海。
エ 暖かくうららかな海。　〔　〕

21「炎天の…」の句で、「遠き帆」とは何か。説明しなさい。

〔　〕

学習目標　漢文を訓読するための基礎知識として、返り点の種類と使い方を習得する。

訓読に親しむ㈠・漢文を読むために1

教科書 p.150〜p.151

検印

基本練習

知識・技能

1 次の漢文にレ点をつけなさい。

①我読書。〔我　書を読む。〕

②我不読書。〔我　書を読まず。〕

③縁木求魚。〔木に縁《よ》りて魚を求む。〕

④有備無患。〔備へ有れば患《うれ》ひ無し。〕

⑤覆水不返盆。〔覆水　盆に返らず。〕

2 次の漢文に一二（三）点をつけなさい。

①借虎威。〔虎の威を借る。〕

②平‐定海内。〔海内《かいだい》を平定す。〕

③故人西辞黄鶴楼〔故人　西のかた黄鶴楼を辞す〕

④欲長王漢中。〔長く漢中に王たらんと欲す。〕

⑤行百里者半九十。〔百里を行く者は九十を半ばとす。〕

3 次の漢文にレ点、一二点をつけなさい。

①百聞不如一見。〔百聞は一見に如《し》かず。〕

②宋人有耕田者。〔宋人《そうひと》に田を耕す者有り。〕

③有言者、不必有徳。〔言有る者は、必ずしも徳有らず。〕

確認

●返り点の種類と使い方

①**レ点**（レ）　下の一字からすぐ上の一字に返って読む。

例　登《ル》レ山《ニ》。（山に登る。）

②**一二点**（一・二・三…）　二字以上離れた下の字から上へ返って読む。

例　登《ル》二富士山《ニ》一。（富士山に登る。）

③**上中下点**（上・下、上・中・下）　一二点を必ず中に挟み、さらに上へ返って読む。

例　有《リ》下登《ル》二富士山《ニ》一者上。（富士山に登る者有り。）

④**甲乙点**（甲・乙・丙…）　上中下点で足りない場合に、上中下点を挟んで使用する。

⑤**その他**

(1)　レ点は、一二点の「一」、上中下点の「上」のように、それぞれの種類の一番最初の記号とだけ併用できる。→「一レ」「上レ」「甲レ」

＊読むときは、レ点の下の字を先に読む。

＊「二レ」や「下レ」、「乙レ」はない。

例　多《シ》二人《ノ》犯《スモノ》一レ罪《ヲ》。（人の罪を犯すもの多し。）

例　父喜《ブ》下子《ノ》受《カリテ》二試験《ニ》一告《グルヲ》上レ之《これヲ》。（父　子の試験に受かりて之を告ぐるを喜ぶ。）

(2)　下から二字以上の熟語に返る場合は、熟語の間に「‐」を入れて、最初の字の左下に返り点をつける。

例　教二‐育《ス》子弟《ヲ》一。（子弟を教育す。）

④不入虎穴、不得虎子。

〔虎穴に入らずんば、虎子を得ず。〕

⑤好之者、不如楽之者。

〔之《これ》を好む者は、之を楽しむ者に如かず。〕

4 次の返り点による読み順を、□内に算用数字で記しなさい。

① □レ□□レ□。

② □レ□レ□レ□。

③ □二□□レ□□一。

④ □レ□二□□□一。

⑤ □三□□□二□□一。

⑥ □三□□二□□一レ□。

5 次の漢文に一二点、上（中）下点をつけなさい。

①不以千里称。

〔千里を以《も》つて称せられず。〕

②必有得天時者。

〔必ず天の時を得る者有らん。〕

③有能為鶏鳴者。

〔能《よ》く鶏鳴を為《な》す者有り。〕

④不為児孫買美田。

〔児孫《じそん》の為《ため》に美田を買はず。〕

⑤何不淈其泥、而揚其波。

〔何ぞ其《そ》の泥を淈《にご》して、其の波を揚げざる。〕

6 次の漢文に返り点をつけなさい。

①勿以悪小為之。

〔悪の小なるを以つて之を為すこと勿《な》かれ。〕

②無不知愛其親者。

〔其の親を愛するを知らざる者無し。〕

③知我之《の》不遇明君。

〔我の明君に遇《あ》はざるを知る。〕

④不足為外人道也。

〔外人の為に道《い》ふに足らざるなり。〕

⑤嚭譖子胥恥謀不用怨望。

〔嚭《ひ》　子胥《しし》　謀《はかりごと》の用ゐられざるを恥ぢて怨望《えんぼう》すと譖《しん》す。〕

内容の理解

思考力・判断力・表現力

1 次の文の意味を答えなさい。

①大器は晩成す。

〔　　　　〕

②歳月は人を待たず。

〔　　　　〕

③百里を行く者は九十を半ばとす。

〔　　　　〕

④児孫の為に美田を買はず。

〔　　　　〕

⑤言有る者は、必ずしも徳有らず。

〔　　　　〕

⑥悪の小なるを以つて之を為すこと勿かれ。

〔　　　　〕

学習目標　漢文を訓読するための基礎知識として、助字と再読文字の意味や読み方を習得する。

訓読に親しむ㈡㈢・漢文を読むために2・3

教科書 p.152〜p.155

検印

基本練習

知識・技能

1 送り仮名に注意して、次の漢文の太字の助字の意味を、あとの語群から選び、記号で答えなさい。

①青《シ》二**於**藍《ヨリモ》一。〔　　〕

②志《ス》二**于**学《ニ》一。〔　　〕

③荘子行《ク》二**於**山中《ニ》一。〔　　〕

④労《スル》レ力《ヲ》者《ハ》治《メラル》二**於**人《ニ》一。〔　　〕

⑤学《ビテ》**而**時《ニ》習《フ》レ之《ヲ》。〔　　〕

⑥視《レドモ》**而**不レ見《エ》。〔　　〕

【語群】
ア　場所　イ　時間　ウ　対象　エ　起点　オ　比較
カ　受身　キ　順接　ク　逆接

2 口語訳を参考にして、次の漢文の空欄に送り仮名を補いなさい。

①勿《カレ》レ施《スコト》二於人〔　〕一。
〔人にしてはいけない。〕

②青《ハ》取《ル》二之《ヲ》於藍〔　〕一。
〔青色は藍から取る。〕

③遊《ブ》二於赤壁之下〔　〕一。
〔赤壁のあたりで遊んだ。〕

④登〔　〕二太山《ニ》一而小《トス》二天下《ヲ》一。
〔太山に登って国全体を小さいと感じる。〕

3 次の漢文を書き下し文に改めなさい。

①夫《ふ》差《さ》敗《ル》二越《ヲ》于夫《ふ》椒《せう》《ニ》一。
〔　　　　〕

②樹欲《スレドモ》レ静《カナラント》而風不レ止《やマ》。
〔　　　　〕

③母之愛《スル》レ子《ヲ》也《や》倍《ス》レ父《ニ》。
〔　　　　〕

確認

●助字の種類とはたらき

①置き字として使われるもの

於（于・乎）　場所・時間・対象・起点・目的・比較・受身などを表す。

而　接続を表す。順接にも逆接にも用いる。

矣（焉・也）　文末につく。断定・完了・強意の意味。

＊右に挙げた字を読む場合もあるので注意が必要。

②置き字として使われないもの

・文中で使われるもの

之（の）　修飾の関係や主格を表す。

与（と）　並列を表す。必ず返り点がつく。

者（は・もの・こと）　主語を提示する。

也（や）　主格・呼びかけを表す。

則（即・乃・便・輒）（すなはチ）　条件を表したり、副詞として用いられたりする。

・文末で使われるもの

也（なり）　断定を表す。

哉（乎・夫・也・与・邪・耶・歟）（かな）　感嘆を表す。

乎（哉・夫・也・与・邪・耶・歟）（や・か）　疑問・反語・強意を表す。

耳（爾・已・而已・而已矣）（のみ）　限定を表す。

＊助字は助動詞や助詞に相当するものが多い。書き下し文に改める際にはひらがなで書く。

④求ムル二其ノ放心ヲ一而已矣。〔　　〕

4 次の漢文の空欄に入れるのに適当な助字を、下の語群から選びなさい。

①聞ク二弦歌□声ヲ一。〔弦歌の声を聞く。〕

②善ク□レ人交ハル。〔善く人と交はる。〕

③嗚《あ》呼《あ》哀シイ□。〔嗚呼　哀しいかな。〕

④直《た》ダ不ル二百歩ナラ一□。〔直だ百歩ならざるのみ。〕

⑤其ノ行フレ己ヲ□恭《つつし》ム。〔其の己を行ふや恭む。〕

【語群】
也　哉　之　与　耳

5 書き下し文中の太字を参考にして、次の漢文の空欄に漢字を入れなさい。（訓点は省略してある）

①虎□百獣而□□。〔虎　百獣を**求**めて**之**を**食**らふ。〕

②吾□□□孰美。〔吾と**徐公**と（**与**）孰《いづ》れか美なる。〕

③女□会稽□恥□。〔女《なんぢ》　会稽の（**之**）恥を**忘**れたるか（**邪**）。〕

6 書き下し文を参考にして、次の白文に訓点をつけなさい。

①天下莫柔弱於水〔天下に水よりも柔弱なるは莫《な》し。〕

②無見其利而不顧其害〔其の利を見て其の害を顧みざること無かれ。〕

③先即制人後則為人所制〔先んずれば即《すなは》ち人を制し、後《おく》るれば則《すなは》ち人の制する所と為る。〕

④君子欲訥於言而敏於行〔君子は言に訥《とつ》にして行ひに敏ならんことを欲す。〕

●再読文字の種類とはたらき

一字を二度訓読する文字を再読文字という。

①一度目の読みは、再読文字につけられた返り点を無視して副詞的に読む。（書き下し文にするときは漢字で書く。）

②二度目の読みは、返り点に従って助動詞や動詞として読む。（再読文字の左下の送り仮名を使う。書き下し文にするときはひらがなにする。）

（　）内のカタカナはサ変動詞の活用を表す。

未〔いまダ～（セ）ず〕まだ～しない。今まで～ない。

将〔まさニ～（セント）す〕～しようとする。

且〔まさニ～（セント）す〕～しようとする。

猶（由）〔なホ～ノ・（スル）ガごとシ〕ちょうど～のようだ。

*体言に続くときは「ノ」、用言に続くときは「ガ」を送る。

当〔まさニ～（ス）ベシ〕～しなければならない。

応〔まさニ～（ス）ベシ〕きっと～のはずだ。

*「当」と「応」は読みは同じだが、「当」は当然、「応」は推量の意で用いられることが多い。

宜〔よろシク～（ス）ベシ〕～するのがよい。

須〔すべかラク～（ス）ベシ〕～する必要がある。

盍（蓋）〔なんゾ～（セ）ざル〕どうして～しないのか。

*反語の用法が多いが、疑問の場合もある。

7 次の漢文の太字の再読文字の読みを、送り仮名を含めてすべてひらがなで記しなさい。

① 田園**将**レ蕪《あ》レント。　田園〔　　〕蕪れんと〔　　〕。

② 及レビテ時ニ**当**二勉励一ス。　時に及びて〔　　〕勉励す〔　　〕。

③ 過《あやま》テバ則チ**宜**レ改レムレ之ヲ。　過てば則ち〔　　〕之を改む〔　　〕。

④ 行楽**須**レ及レブ春ニ。　行楽〔　　〕春に及ぶ〔　　〕。

⑤ 毋《な》カレ測レルコト**未**レ至ラ。　〔　　〕至ら〔　　〕測ること毋かれ。

8 次の漢文を参考にして、読み順を□内に算用数字で記しなさい。（◫は再読文字）

① 過ギタルハ猶《な》ホレ《ごと》シ不レルガ及バ。　□　◫レ　□レ　□。

② 当ニレシ惜二シム分陰一ヲ。　◫レ　□二　□　□一。

③ 盍《なん》ゾ三ざル各《おのおの》言二ハ爾《なんぢ》ノ志一ヲ。　◫三　□　□二　□　□一。

④ 不レ知二ラ老イ之将一レニ至ラントルヲ。　□レ　□二　□　□　◫一レ　□。

9 口語訳を参考にして、次の漢文の空欄に送り仮名をカタカナで補いなさい。

① 未〔　〕二嘗《かつ》テ敗北〔　〕一。　〔これまでにまだ敗北したことがない。〕

② 引〔　〕レキテ酒ヲ且《す》〔　〕レ飲〔　〕レ之ヲ。　〔酒を引き寄せてまさに飲もうとする。〕

③ 猶〔　〕二シ魚之有〔　〕一レ水。　〔ちょうど魚に水が有るようなものだ。〕

④ 応〔　〕レ知二ル故郷ノ事一ヲ。　〔故郷のことを知っているにちがいない。〕

内容の理解

思考力・判断力・表現力

1 次の文の意味を答えなさい。

① 直だ百歩ならざるのみ。
〔　　　　〕

② 過ぎたるは猶ほ及ばざるがごとし。
〔　　　　〕

③ 老いの将に至らんとするを知らず。
〔　　　　〕

④ 先んずれば即ち人を制し、後るれば則ち人の制する所と為る。
〔　　　　〕

⑤ 君子は言に訥にして行ひに敏ならんことを欲す。
〔　　　　〕

⑥ 天下に水よりも柔弱なるは莫し。
〔　　　　〕

学習目標　漢文の訓読や読解のための基礎知識として、頻出語彙や基本的な構造を覚える。

漢文を読むために4・5

教科書p.158～p.160

検印

基本練習

知識・技能

1 次の太字部分の意味をあとの語群から選びなさい。

① **頭**《かうべ》**尽**《ク》白《シ》。〔　　〕
② **漸**《ク》入《ル》二佳境《ニ》一。〔　　〕
③ **何**《ゾ》事《トセン》二於仁《ヲ》一。〔　　〕
④ 君子**固**《ヨリ》窮《ス》。〔　　〕
⑤ **蓋**《シ》有《ラン》レ之矣。〔　　〕
⑥ 舟**已**《ニ》行《ケリ》矣。〔　　〕

【語群】　ア たぶん　イ もちろん　ウ すべて　エ しだいに　オ もはや　カ どうして～か

2 次の文に使われている太字はみな「すなはチ」という読みをする字である。それぞれの意味を下の語群から選びなさい。

① 学《ビテ》而不《レバ》レ思《ハ》、**則**《チ》罔《くらシ》。　意味〔　　〕
② 相《しやう》如《じよ》**乃**《チ》給《あざむキテ》取《ル》レ璧《ヲ》。　意味〔　　〕
③ 先《ンズレバ》**即**《チ》制《ス》レ人《ヲ》。　意味〔　　〕
④ 有《レバ》二問《フ》者一**輒**《チ》対《こたフ》。　意味〔　　〕

【語群】
ア すぐに
イ ただちに
ウ そこで
エ ～すると
オ ～するたびに

3 次の文に使われている「為」はすべて読み方が異なる。それぞれの読みを書きなさい。

① 是《これヲ》**為**《ス》二昭王《ト》一。〔　　〕す
② 画《ゑがキテ》レ地《ニ》**為**《ル》レ蛇《ヲ》。〔　　〕る
③ 爾《なんぢ》**為**《リ》レ爾、我為《リ》レ我。〔　　〕り
④ 今之学《ブ》者《ハ》**為**《ニス》レ人《ノ》。〔　　〕に

確認

●漢文訓読のための基本語彙

①主な副詞・接続詞

敢《あヘテ》…進んで～する　例 臣乃《すなはチ》**敢**《ヘテ》上《たてまつラン》レ璧《ヲ》。
方《まさニ》…ちょうど今　例 蚌《ばう》**方**《ニ》出《いデテ》曝《さらス》。
故《ゆゑニ》…それだから　例 **故**《ニ》遂《つひニ》与レ之行《ク》。

②主な疑問詞

誰《たれカ》・孰《たれカ》…誰が～か　例 弟子**孰**《カ》為《ス》レ好《ムト》レ学《ヲ》。
安《いづクンゾ》・焉《いづクンゾ》…どうして～か　例 爾**安**《いづクンゾ》敢《ヘテ》軽《ンズルヤ》二吾《ガ》射《ヲ》一。

③同じ読み方をする字

復《まタ》…ふたたび　例 子《し》胥《しよ》**復**《タ》事《つかフ》レ之《ニ》。
亦《また》…～もまた・やはり　例 蚌《モ》**亦**謂《いフ》レ鷸《いつニ》。
又《また》…そのうえ　例 **又**何《ヲカ》怨《うらマン》。

④複数の読み方がある字

自 ─ みづから　例 君王**自**《ラ》為《セ》レ之《ヲ》。
　 ─ おのヅカラ　例 下**自**《ヅカラ》成《ス》レ蹊《みちヲ》。
　 ─ より　例 有《リ》レ朋《とも》**自**《リ》二遠方一来《タル》。

⑤特殊な読み方をする語

所以《ゆゑん》…理由　例 法令《ハ》**所**二**以**導《ク》レ民《ヲ》一也。
如何《いかん》・奈何《いかん》…どうする　例 為《スコト》レ之《ヲ》**奈何**。
以《ツテ》レ是《レヲ》…このことから　例 **以**《ツテ》レ**是**《レヲ》観《みレバ》レ之《ヲ》、

⑥訓読のときに必ず下から返って読む字(返読文字)

不・非《ズ》…～ない　例 非《ザレバ》二其《ノ》君《ニ》一**不**レ事《へ》。
莫《カレ》・勿《カレ》…～するな　例 過《あやまテバ》則《チ》**勿**《カレ》レ憚《はばかルコト》レ改《ムルニ》。
欲《ス》…～しようとする　例 **欲**《ス》レ窮《メント》二其《ノ》林《ヲ》一。

4 次の文の太字部分の読みを書き、それぞれの意味をあとの語群から選びなさい。

① 今日之事、**何如**。　読み〔　　　〕意味〔　　〕

② 非ザル二世ノ**所謂**福ニ一也。　読み〔　　　〕意味〔　　〕

③ 可キレ謂フ二仁之方ト一**也已**。　読み〔　　　〕意味〔　　〕

④ **於**イテレ**是**ニ士争ヒテ趨《おもむ》クレ燕ニ。　読み〔　　に　　いて〕意味〔　　〕

【語群】 ア世間で言うところの　イどんな　ウ〜だけだ　エそこで

5 次の漢文を書き下し文に改めなさい。

① 毎《ごと》ニレ日見ルレ之ヲ。〔　　　〕

② 病ハ従リレ口入ル。〔　　　〕

③ 人生如シ二朝露ノ一。〔　　　〕

④ 多クシテレ労而少ナシレ功。〔　　　〕

⑤ 時ハ難クシテレ得而易シレ失ヒ。〔　　　〕

6 次の空欄にあとの語群にある語をそれぞれ補い、漢文の構造を示しなさい。

① 大器ハ晩成ス。　〔　　〕〔　　〕。

② 良薬ハ苦《にが》シレ口ニ。　〔　　〕〔　　〕〔　　〕。

③ 転ジテレ禍《わざは》ヒヲ為スレ福ト。　〔　　〕〔　　〕〔　　〕〔　　〕。

④ 歳月ハ不レ待タレ人ヲ。　〔　　〕〔　　〕〔　　〕〔　　〕。

【語群】 主語　述語　目的語　補語　否定詞

内容の理解 ― 思考力・判断力・表現力

1 次の文の意味を答えなさい。

① 刎頸《ふんけい》の交はり。
〔　　　　　〕

② 衣食足れば則ち栄辱を知る。
〔　　　　　〕

③ 苛政は虎よりも猛なり。
〔　　　　　〕

④ 木に縁《よ》りて魚を求む。
〔　　　　　〕

⑤ 鼎《かなへ》の軽重を問ふ。
〔　　　　　〕

⑥ 羹《あつもの》に懲《こ》りて膾《なます》を吹く。
〔　　　　　〕

学習目標 漢文の訓読に慣れるとともに、「漁父之利」の言葉の由来となった故事を読解する。

漁父之利

教科書 p.162〜p.163

検印

展開の把握

思考力・判断力・表現力

○次の空欄に適語を入れて、内容を整理しなさい。

①泥から出た〔ア　〕が ひなたぼっこをしていると〔イ　〕がその肉をついばんだ。〔ウ　〕は殻を閉じて〔エ　〕のくちばしを挟んだ。

②〔オ　〕の言い分→今日〔カ　〕が降らず、明日も〔キ　〕が降らなかったら、〔ク　〕の死骸ができるぞ。

③〔ケ　〕の言い分→今日〔コ　〕ことができず、明日も〔サ　〕ことができなかったら、〔シ　〕の死骸ができるぞ。

④〔ス　〕と〔セ　〕はお互いに放そうとしなかった。

⑤〔ソ　〕が来て、〔タ　〕と〔チ　〕の両方を取ることができた。

書き下し文

知識・技能 ▼学習一

○本文を一文ごとに書き下し文に改めなさい。

語句・句法

知識・技能

1 次の語の読み(送り仮名も含む)と意味を調べなさい。

p.162 ℓ.3 ①方に〔　〕〔　〕

ℓ.5 ②即ち〔　〕〔　〕

③亦〔　〕〔　〕

2 次の文を書き下し文に改めなさい。

①春眠不レ覚エレ暁ヲ。〔　〕

②此レ非ズ二君子之言ニ一。〔　〕

内容の理解

思考力・判断力・表現力

全体

1 ①「蚌」(一六二・3)・②「鷸」(同)・③「漁者」(一六二・7)は、それぞれ導入文(一六二・1〜2)にある、どの国のたとえになっているか答えなさい。 ▼学習三

①〔　〕 ②〔　〕 ③〔　〕

2 この話がたとえていることを「争い」「利益」という語を使って、二十字以内で書きなさい。

学習目標　漢文の訓読に慣れるとともに、「狐借虎威」の言葉の由来となった故事を読解する。

狐借㆓虎威㆒

教科書p.164～p.165

検印

展開の把握　思考力・判断力・表現力

○次の空欄に適語を入れて、内容を整理しなさい。

①（ア　　）が（イ　　）をつかまえて、食べようとした。

②（ウ　　）の言葉→（エ　　）が、わたしを（オ　　）の王に任命した。
わたしを食べるならば、それは（カ　　）の命令に逆らうことになる。
（キ　　）だと思うなら、わたしの後ろについてきなさい。

③（ク　　）が（ケ　　）について行くと、（コ　　）はみな逃げた。

④（サ　　）の考え→（シ　　）は、（ス　　）を恐れているのだ。
虎は（セ　　）が（ソ　　）を恐れて逃げたことに気がつかなかった。

書き下し文　知識・技能　学習一

○本文を一文ごとに書き下し文に改めなさい。

語句・句法　知識・技能

1 次の語の読み（送り仮名も含む）と意味を調べなさい。

① 観る（p.164 ℓ.7）（　　）（　　）
② 遂に（ℓ.8）（　　）（　　）
③ 畏る（p.165 ℓ.1）（　　）（　　）

2 次の文を書き下し文に改めなさい。

① 側《そば》メテ㆑目ヲ不㆓敢ヘテ視㆒。（　　）
② 使ム㆓子路ヲシテ問ハ㆒㆑津ヲ。（　　）

内容の理解　思考力・判断力・表現力

1 ①「百獣」（一六四・4）・②「虎」（同）・③「狐」（同）は、それぞれ何のたとえか。導入文（一六四・1～3）を参考にして答えなさい。　学習二

①（　　）　②（　　）　③（　　）

全体

2 新傾向　この話からできた故事成語の意味を、「威光」を使って、二十字以内で書きなさい。

学習目標　漢文の訓読に慣れるとともに、「蛇足」の言葉の由来となった故事を読解する。

蛇足

教科書 p.166～p.167

検印

展開の把握　思考力・判断力・表現力

○次の空欄に適語を入れて、内容を整理しなさい。

①〔ア　〕の祠者が使用人に大杯についだ〔イ　〕を与えた。

②使用人たちの話し合い→この酒は〔ウ　〕で飲むと〔エ　〕し、〔オ　〕で飲むと余りがあるほど〔カ　〕だ。地面に〔キ　〕の絵を描いて、最初にできた者が〔ク　〕ことにしよう。

③一人の使用人が〔ケ　〕の絵を完成させ、酒を飲もうとした。〔コ　〕に大杯を持ち、右手で〔サ　〕に描き加えながら、〔シ　〕の〔ス　〕だって描けるぞと言った。

④〔セ　〕が完成する前に別の使用人の〔ソ　〕の絵ができあがった。彼は〔タ　〕を奪い取り、〔チ　〕にはもともと〔ツ　〕がない。どうやって描くのだと言った。

⑤こうしてそのまま〔テ　〕を飲んでしまった。蛇の〔ト　〕を描こうとした者は、とうとう〔ナ　〕を飲み損ねてしまった。

書き下し文　知識・技能　▼学習一

○本文を一文ごとに書き下し文に改めなさい。

語句・句法　知識・技能

1 次の語の読み（送り仮名も含む）と意味を調べなさい。

p.166 ℓ.8	①能く	〔　〕	〔　〕
p.167 ℓ.2	②固より	〔　〕	〔　〕
ℓ.3	③終に	〔　〕	〔　〕

2 次の文を書き下し文に改めなさい。

①趙且《ニ》㆑伐《タント》㆑燕《ヲ》。

〔　〕

②安《クンゾ》求《メン》㆓其《ノ》能《ノ》千里《ナルヲ》㆒也。

〔　〕

内容の理解　思考力・判断力・表現力

全体

1「蛇に足を描いたもの」は、導入文（一六六・1～4）に書かれている誰のたとえか。導入文より抜き出しなさい。　▼学習二

〔　〕

2 この話からできた故事成語の意味を、十五字以内で書きなさい。

学習目標　作中に描かれた言動から、藺相如の考えや人物像を読み取る。

完レ璧

教科書p.172～p.173

検印

展開の把握　思考力・判断力・表現力

○次の空欄に適語を入れて、内容を整理しなさい。

趙の〔ア　　〕

○楚の〔ウ　　〕の璧を手に入れた。

○璧を与えるか悩む。

璧を与えない場合
↓〔エ　　〕の強さが恐ろしい。

璧を与える場合
↓昭王にだまされることを〔オ　　〕する。

藺相如

○「私が〔カ　　〕をささげて〔キ　　〕へ参りましょう。もし〔ク　　〕が手に入らなかったら、私が〔ケ　　〕を無事持ち帰りましょう。」と提案し、秦へ向かう。

○秦王をだまして〔コ　　〕を取り返した。

○〔サ　　〕は逆立ち〔シ　　〕を突き上げるほど怒り、〔ス　　〕の下に立ち、「私の〔セ　　〕はこの〔ソ　　〕とともに打ち砕けてしまいますぞ。」と言った。

○供の者に〔タ　　〕を持たせて〔チ　　〕へ帰らせ、自らは秦にとどまった。

秦の〔イ　　〕

○和氏の璧を〔ツ　　〕の城と〔テ　　〕しようと申し込む。

○〔ト　　〕を提供する気はなかった。

○藺相如を〔ナ　　〕であると許して〔ニ　　〕へ帰らせた。

語句・句法　知識・技能

1 次の語の読み（送り仮名を含む）と意味を調べなさい。

p.172 ℓ.3 ①嘗て〔　　〕〔　　〕

②請ふ〔　　〕〔　　〕

ℓ.5 ③願はくは〔　　〕〔　　〕

④完うす〔　　〕〔　　〕

ℓ.6 ⑤紿く〔　　〕〔　　〕

p.173 ℓ.1 ⑥先づ〔　　〕〔　　〕

2 次の文を書き下し文に改めなさい。

①請フ召サン二占フレ夢ヲ者ヲ一。〔　　〕

②吾嘗テ三タビ仕ヘテ三タビ見レ逐《お》ハ二於君ニ一。〔　　〕

③不ンバレ憤セ、不レ啓セ。〔　　〕

④王怒リ、遣ム三人ヲシテ殺サ二中射之士ヲ一。〔　　〕

内容の理解

思考力・判断力・表現力

第一段落

1 「和氏璧」（一七三・3）について、次の問いに答えなさい。

(1) 読みを現代仮名遣いで書きなさい。〔　の　〕

(2) 「璧」とはどのようなものか。説明しなさい。

〔　〕

2 「請㆘以㆓十五城㆒易㆖㆑之。」（一七三・3）はどういうことか。次から選びなさい。〔　〕

ア　十五の城を恵文王の命と交換しようということ。

イ　十五の城を和氏の壁と交換しようということ。

ウ　十五の城を藺相如の命と交換しようということ。

エ　十五の城を和氏の壁の採掘権と交換しようということ。

3 「欲㆑不㆑与、畏㆓秦強㆒、欲㆑与、恐㆑見㆑欺。」（一七三・4）について、次の問いに答えなさい。

(1) 「与」とは、①何を②誰に「与」えるのか。

①〔　〕 ②〔　〕

(2) 「恐㆑見㆑欺。」の意味として適当なものを次から選びなさい。〔　〕

ア　だまされる恐怖に耐えられない。

イ　だますのが見えすいていていやだ。

ウ　だまされるのを心配した。

エ　だますのを見るのはいやだ。

第二段落

4 「既至。」（一七三・6）とは、①誰が②どこに「至」ったのか。書きなさい。

①〔　〕 ②〔　〕

5 「無㆑意㆑償㆑城。」（一七三・6）はどういうことか。次から選びなさい。〔　〕

ア　十五の城と和氏の壁を交換する気はないということ。

イ　和氏の壁を弁償する気はないということ。

ウ　十五の城と藺相如の命を交換する気はないということ。

エ　十五の城を弁償する気はないということ。

6 「怒髪指㆑冠。」（一七三・6）の理由として適当なものを、次から選びなさい。〔　〕

ア　秦王の家来が不穏な動きをしたから。

イ　秦王が値切ろうとしたから。

ウ　秦王の態度が無礼だったから。

エ　秦王が約束を守らなかったから。

7 「身待㆓命於秦㆒。」（一七三・1）とはどういう意味か、説明しなさい。▼脚問1

〔　〕

8 「秦昭王賢而帰㆑之」（一七三・1）とあるが、藺相如のどういうところが「賢」なのか。次から選びなさい。▼学習二〔　〕

ア　決死の覚悟で秦の宮殿に乗り込んで、秦王をだまして和氏の壁を取り返し、趙へ持ち帰ったところ。

イ　決死の覚悟で堂々と秦王と渡り合って、従者に和氏の壁を趙へ持ち帰らせたあと、その責任を自分一人で引き受けようとしたところ。

ウ　決死の覚悟で秦の宮殿で奮闘し、秦王を降参させて和氏の壁を取り戻し、趙へ持ち帰ったところ。

エ　決死の覚悟で秦王と渡り合った結果、和氏の壁と交換に自分一人だけ生き延びたところ。

全体

9 「完璧」という故事成語について、①本来の意味として適当なものを次から選びなさい。②現在用いられている意味を答えなさい。▼学習一

ア　人格が円満で人に好かれること。　イ　勇気と行動力があること。

ウ　貴重な宝物を無傷で返すこと。　エ　非常に高価であること。

①〔　〕

②〔　〕

先従レ隗始

学習目標 昭王を説得するために郭隗が用いた論理を理解する。

教科書 p.174～p.175

検印

展開の把握

思考力・判断力・表現力

○次の空欄に適語を入れて、内容を整理しなさい。

	〔ア〕の国の人々は噲の太子である〔イ〕を主君とした。これを昭王という。昭王は〔ウ〕を招こうとした。
昭王の願い	〔エ〕の国は〔オ〕の国が乱れているのにつけこんで、攻撃した。〔カ〕は小国で〔キ〕に復讐《ふくしゅう》することができない。そこで、〔ク〕を招いて、国事を相談し、〔ケ〕である噲の恥辱をすすぎたい。師事するのにふさわしい人物を教えてほしい。
郭隗の助言	古の王に、涓人に〔コ〕を持たせて〔サ〕の馬を求めさせる者がいた。ところが涓人は、〔シ〕馬の骨を五百金で買って帰ってきた。怒った王に、涓人は、「〔ス〕馬の骨でさえ五百金で買うのだから、まして生きている馬ならなおさら高く買うだろうと考えて、〔セ〕の馬は今にやってくるでしょう。」と言った。まる一年もたたないうちに〔ソ〕の馬が三頭集まった。
	〔タ〕を招こうと願うなら、まず私を重用しなさい。そうすれば、私よりも賢い人たちはどうして千里の道を遠いと思うでしょうか。千里の道を遠いと思わずにやってくるでしょう。
	昭王は〔チ〕のために新たに邸宅を作り、先生として敬い仕えた。そこで、〔ツ〕は先を争って〔テ〕に駆けつけた。

語句・句法

知識・技能

1 次の語の読み（送り仮名を含む）と意味を調べなさい。

p.174 ℓ.5 ①以って〔　〕〔　〕

②因る〔　〕〔　〕

ℓ.6 ③足る〔　〕〔　〕

ℓ.7 ④与に〔　〕〔　〕

⑤雪ぐ〔　〕〔　〕

p.175 ℓ.5 ⑥是に於いて〔　〕〔　〕

2 次の文を書き下し文に改めなさい。

①使ム二大夫二人ヲシテ往キテ先ンゼ一焉。〔　〕

②庸人スラ尚ホ羞ヅレ之ヲ。況ンヤ於イテヲ二将相ニ一乎。〔　〕

③霜葉ハ紅ナリ二於二月ノ花ヨリモ一。〔　〕

④豈ニ望マンレ報イヲ乎。〔　〕

内容の理解

思考力・判断力・表現力

第一段落

1 昭王は何のために「弔レ死問レ生、」（一七四・4）ということをしたのか。次から選びなさい。

ア 戦争後の生存者数を知るため。
イ 新しい王として民衆の心をつかむため。
ウ 父をはじめとする祖先の霊を祀《まつ》るため。
エ 敵国の斉に対して報復を誓うため。
［　　］

2「報」（一七四・6）とあるが、何に報じるのか。次から選びなさい。

ア 斉国　イ 戦死者　ウ 賢者　エ 燕国　［　　］

3「先生」（一七四・7）とは、誰のことか。本文中から二字で抜き出しなさい。（訓点不要）

□□

4「之」（一七四・8）とは、何をさすか。次から選びなさい。

ア 千里の馬を手に入れるための方法を教えてくれる人。
イ 先王が恥をかいた詳しい事情を説明してくれる人。
ウ 先王が死んだ事情をよく知っている人。
エ 恥を晴らすために共に政治を行うにふさわしい人。
［　　］

第二段落

5「古之君」（一七五・1）から始まるたとえ話はどこまで続いているか。本文中の該当部分の終わりの三字を抜き出しなさい。（訓点不要）▼脚問1

□□□

6 涓人が「買二死馬骨五百金一而返。」（一七五・2）ということをしたのはなぜか。次から選びなさい。

ア 骨にさえ大金を出したという噂《うわさ》で、千里の馬は自然と集まるから。
イ 千里の馬と言っても、肝心の骨がなければ役には立たないから。
ウ 千里の馬を大金で買えば、馬を育てようとする人が増えるから。
エ 死馬の骨を砕いて飼料に混ぜると、名馬が育つから。
［　　］

第二段落

7「士」（一七五・4）・「隗」（一七五・4）は、たとえ話の部分ではそれぞれ何にあたるか。本文中からそれぞれ三字で抜き出しなさい。（訓点不要）▼学習二

士 □□□
隗 □□□

8 郭隗が「先従レ隗始」（一七五・4）と言った理由は何か。次から選びなさい。

ア 自分は賢者であるが、凡人のようにへり下って言えば、昭王はきっと自分を採用してくれるだろうから。
イ 自分を優遇せよと言えば、昭王はあつかましいやつだと軽蔑して、本当の賢者を探すことを決心するだろうから。
ウ 自分のような取るに足りない人物が重用されれば、その噂を聞きつけて賢者が集まってくるだろうから。
エ 自分のような賢者を採用すれば、諸国でくすぶっている賢者が噂を聞いて集まってくるだろうから。
［　　］

9 ①「昭王為レ隗改築レ宮、師二事之一。」（一七五・5）・②「士争趨レ燕。」（一七五・6）は、たとえ話の部分ではどの文に相当するか。本文中からそれぞれ一文を抜き出しなさい。（返り点・送り仮名不要）▼学習二

①［　　］
②［　　］

全体

10「先ず隗より始めよ」という故事成語の、①本来の意味と、②現在使われている意味を、それぞれ答えなさい。▼活動一

①［　　］
②［　　］

臥薪嘗胆

学習目標　登場人物の関係を整理し、主要な人物の考えや主張を読み取る。

教科書 p.176～p.178

検印

展開の把握
思考力・判断力・表現力

○次の空欄に適語を入れて、内容を整理しなさい。
▼学習一

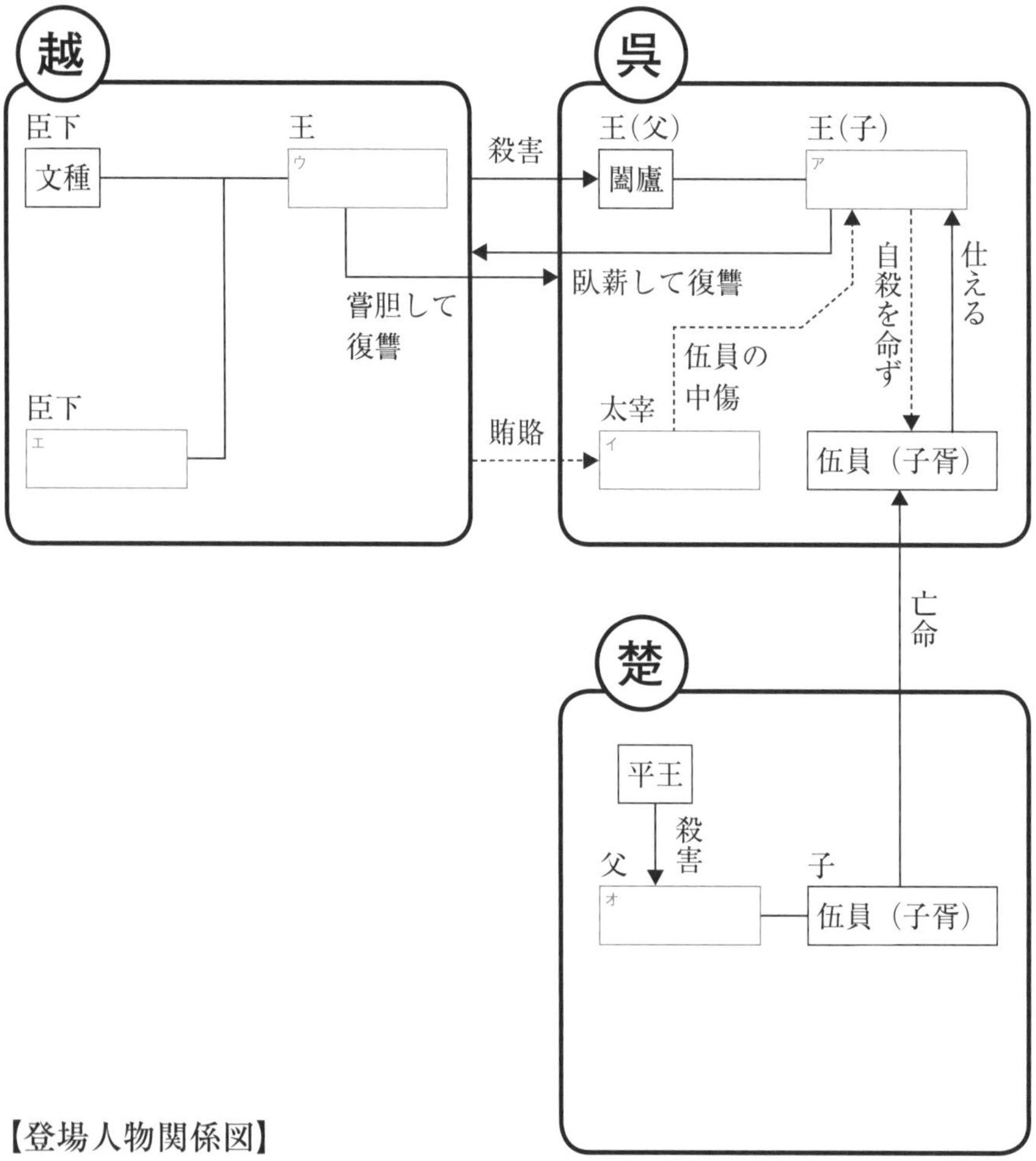

【登場人物関係図】

語句・句法
知識・技能

1 次の語の読み（送り仮名を含む）と意味を調べなさい。

	p.176 ℓ.3	ℓ.6	ℓ.7	p.177 ℓ.1	ℓ.4	p.178 ℓ.3
	①挙ぐ	②伐つ	③事ふ	④而	⑤赦す	⑥北ぐ
読み						
意味						

2 次の文を書き下し文に改めなさい。

①天ニ無シレ口、使ム二人ヲシテ言ハ一。

②遣ハシ二沛公ヲ、西シテ略セシムレ地ヲ。

③其レ真ニ無キレ馬邪。

④能ク復タ飲ム乎。

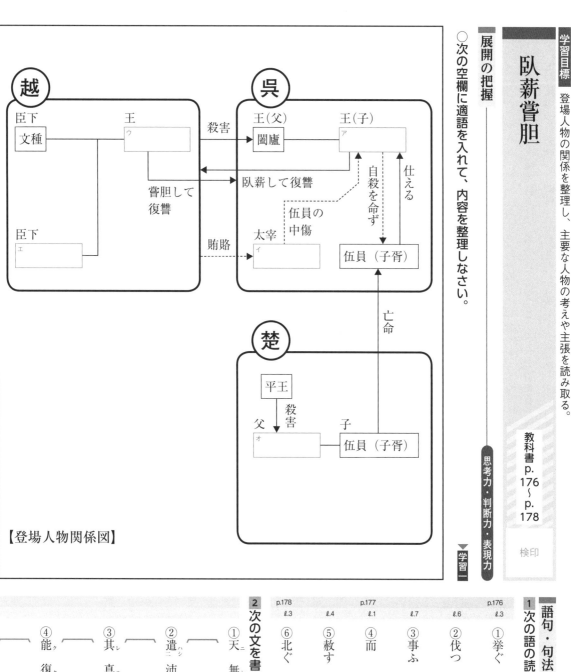

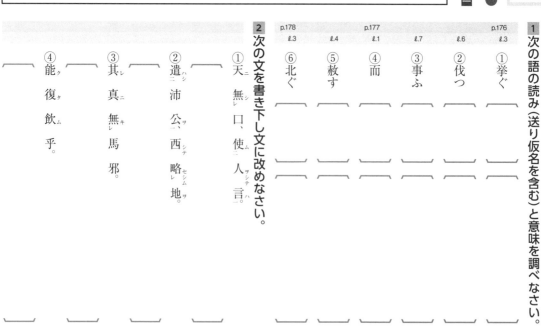

内容の理解

思考力・判断力・表現力

第二段落

1 「夫差志レ復レ讎、朝夕臥二薪中一」（一七六・7）について、次の問いに答えなさい。

(1)「志レ復レ讎」を二十五字以内で具体的に説明しなさい。

(2)「臥二薪中一」した意図は何か。次から選びなさい。 ▼学習二

ア　薪の中に寝て身を隠し、敵に死んだと思わせようとした。

イ　薪の中に寝て身を苦しめ、復讐心をかき立てようとした。

ウ　薪の中に寝て身を整え、常に戦える体勢を取ろうとした。

エ　薪の中に寝ることで、国民に質素倹約を徹底させようとした。

第三段落

2 「為レ臣」（一七七・3）の意味として適当なものを、次から選びなさい。

ア　句践が呉の大臣になる。　イ　伍子胥が越の家臣になる。

ウ　句践が夫差の家来になる。　エ　句践が周の敬王の家来になる。

3 「不可。」（一七七・4）と伍子胥が言った理由を二十五字以内で答えなさい。 ▼脚問1

4 句践が「仰レ胆嘗レ之」（一七七・5）した意図を次から選びなさい。 ▼学習二

ア　胆の苦さを味わって、敗戦の恥を忘れまいとした。

イ　胆をなめて栄養を得て、次の戦いに備えようとした。

ウ　胆をなめて食料を節約して、戦争に備えようとした。

エ　胆から薬ができるのを待ち、戦いの時機をうかがった。

第四段落

5 「賜二子胥属鏤之剣一。」（一七七・8）で、夫差は伍子胥に何を命じたのか。簡潔に答えなさい。 ▼脚問2

6 「檟可レ材也。」（一七七・10）の「檟」は誰の棺おけの材料とするのか。適当なものを、次から選びなさい。

ア　伍子胥　イ　夫差　ウ　句践　エ　伯嚭

7 「抉二吾目一、懸二東門一。」（一七七・10）と、家人に頼んだのはなぜか。次から選びなさい。 ▼学習三

ア　越が東から呉を攻めてくるのを見るため。

イ　呉が東国越を平定するのを見届けるため。

ウ　東にある伯嚭の屋敷をにらみつけるため。

エ　太陽を見つめて自分の不明を恥じるため。

第五段落

8 夫差が「吾無三以見二子胥一。」（一七八・4）と言ったのはなぜか。答えなさい。

9 夫差が「為二幎冒一」（一七八・4）して死んだのはなぜか。答えなさい。

全体

10 新傾向 次の語句も「臥薪嘗胆」と同様に、呉と越の争いの中から生まれた故事成語である。それぞれ意味を答えなさい。

会稽の恥

呉越同舟

学習目標　漢詩の形式や技法を理解するとともに、作者が自然や人事に向けた思いを読み取る。

唐詩の世界

教科書 p.180～p.185

検印

要点の整理

思考力・判断力・表現力

○次の空欄に適語を入れて、各詩の大意を整理しなさい。

春　暁	江　雪	江南春	静夜思	月　夜
春、〔ア　〕が来たのも知らずに眠っていたが、〔イ　〕の声に目を覚ました。昨夜は〔ウ　〕が強かったが、庭の〔エ　〕はどれほど散ったことであろうか、どれほど散ったかわからない。	あらゆる〔ア　〕から鳥の姿が消え、道から〔イ　〕の姿がなくなった。誰もいなくなった雪の中で、一艘《そう》の舟がぽつんと川に漂っている。舟には〔ウ　〕をつけた〔エ　〕が、ひとり、厳しい〔オ　〕に耐えて、釣り糸を垂れている。	広々とした土地に〔ア　〕が鳴いて、草木の緑が花の赤に照り映えている。水辺の村や山辺の町のあちこちで酒屋の旗が風になびいている。この地方には〔イ　〕時代に四百八十もの寺院があった。多くの堂塔が〔ウ　〕の中にけぶっている。	秋の夜、寝台の前を明るく照らす〔ア　〕は、まるで地上に降りた〔イ　〕と見まがうほどであった。〔ウ　〕を上げて山の端の月を見れば、〔エ　〕のことがしのばれてならない。	今夜わたしは長安の月を見て〔ア　〕にいる妻子を思いやる。妻の雲のような豊かな〔イ　〕、玉のように美しい〔ウ　〕が思い出される。いつになったら人気のない〔エ　〕で、窓のとばりに寄り添って〔オ　〕のあとが乾くことだろうか。
①〔　〕 ②〔　〕 ③〔　〕	①〔　〕 ②〔　〕 ③〔　〕	①〔　〕 ②〔　〕 ③〔　〕	①〔　〕 ②〔　〕 ③〔　〕	①〔　〕 ②〔　〕 ③〔　〕

○各詩について、①詩の形式、②押韻している字、③対句（「第何句と第何句」というように句数で記しなさい。対句のない場合は「なし」と記しなさい。）を整理しなさい。

▼学習二

八月十五日夜、禁中独直、対月憶元九

〔ア〕門や〔イ〕全体が宵闇に沈むとき、わたしはひとり〔ウ〕院に宿直して君のことを思っている。〔エ〕夜の月は昇り始め、その姿を見るにつけても〔オ〕里かなたの君の友情を思う。江陵の〔カ〕の東では、もはや〔キ〕も月光を受けて冷ややかであろう。こちら宮中の〔ク〕の西では時を告げる〔ケ〕の音が夜を深めてゆく。ただ心配するのは、君がこの清らかな〔コ〕を見られぬことだ。江陵は土地が低く〔サ〕が多くて、秋も〔シ〕の日が多いから。

① 〔　　〕　② 〔　　〕　③ 〔　　　　〕

黄鶴楼送孟浩然之広陵

わたしの友人である孟浩然はこの西の地にある〔ア〕で別れを告げ、春がすみのたつ三月に〔イ〕へと下って行く。友人の乗る一艘の帆掛け舟の姿は次第に〔ウ〕い空の中に消えて、あとはただ〔エ〕が〔オ〕の果てに流れてゆくのが見えるだけだ。

① 〔　　〕　② 〔　　〕　③ 〔　　〕

送元二使安西

〔ア〕に朝方降った雨が細かな〔イ〕をしっとりと湿らせ、旅館のそばに生えている〔ウ〕の色は青々と鮮やかである。さあ君、もう一杯この〔エ〕を飲み尽くしたまえ。西の〔オ〕を出たら、もう親しい友もいないだろうから。

① 〔　　〕　② 〔　　〕　③ 〔　　〕

春望

国都の長安は破壊されてしまったが、〔ア〕は厳然と存在している。町には春が来て、以前と変わらず〔イ〕が深々と生い茂っている。このような時勢に心を痛め、〔ウ〕を見ても涙が流れ、家族との〔エ〕を悲しみ、鳥の鳴き声を聞いても心が痛む。戦乱は〔オ〕になっても続いており、家族からの〔カ〕はなかなか届かない。たまらなくなって〔キ〕頭をかきむしると、今更のように髪の薄さが感じられ、冠をとめる簪《かんざし》も挿せそうにないと嘆かれることだ。

① 〔　　〕　② 〔　　〕　③ 〔　　　　〕

内容の理解

思考力・判断力・表現力

春暁

1 「春暁」詩について、次の問いに答えなさい。

(1)「聞㆓啼鳥㆒」(一八〇・3)について、作者はどこにいて、どのような状態で聞いているのか。簡潔に答えなさい。

〔　　　　〕

(2)「多少」(一八〇・4)の、①この詩での意味、②日本語の意味をそれぞれ次から選びなさい。

ア たくさんの　イ わずかな
ウ どれほど　エ どうして

①〔　〕 ②〔　〕

(3)この詩から、作者がどのようなことを楽しんでいることがわかるか。十字以内で書きなさい。 学習一

江雪

2 「江雪」詩について、次の問いに答えなさい。

(1)なぜ「鳥飛絶」・「人蹤滅」(一八〇・6)したのか。十字以内で答えなさい。

(2)「独釣寒江雪」(一八〇・7)からわかる作者の心情を、次から選びなさい。 脚問2

ア 悲哀　イ 虚無　ウ 孤高　エ 歓喜

〔　〕

江南春

3 「江南春」詩について、次の問いに答えなさい。

(1)「緑映㆑紅」(一八一・2)の、①「緑」、②「紅」は、それぞれ何の色について言っているのか。

①〔　　〕 ②〔　　〕

(2)①「水村」(一八一・2)、②「煙雨」(同・3)の意味を、それぞれ次から選びなさい。

①ア 海の近くの村。　イ 湖のほとりの村。
ウ 雨ごいをする村。　エ 川のほとりの村。

②ア もやのかかった春雨。　イ 水煙が立つほどの豪雨。
ウ 雨の日にあがるのろし。　エ 霧のような冷たい小雨。

①〔　〕 ②〔　〕

(3)作者が過去の時代を追憶して述べている句を一つ、詩中から抜き出しなさい。(訓点不要)

〔　　　　〕

静夜思

4 「静夜思」詩について、次の問いに答えなさい。

(1)作者が「牀前」の「月光」を見て、「地上霜」(一八二・3)と錯覚したのはなぜか。十五字以内で答えなさい。

(2)月を見ることが望郷の思いにつながる理由を、次から選びなさい。 学習一

ア 満ち欠けする月に、変わってゆく自分を重ね合わせるから。
イ 故郷でも、今自分が見ているのと同じ月が見えるはずだから。
ウ 明るく照らす月光が、まるで両親のまなざしに思えるから。
エ 故郷が月の名所で、今の月をよく見ていたから。

〔　〕

月夜

5 「月夜」詩について、次の問いに答えなさい。

(1)①「只独看」(一八二・6)、②「双照」(同・9)はそれぞれ誰の状態を表しているか。

①〔　　〕 ②〔　　〕

(2)「遥憐」(一八二・7)とは誰が誰を「憐」れむのか。次から選びなさい。

ア 妻が作者を　イ 作者が自分の子供たちを

月夜

ウ　子供たちが作者を　　エ　作者が妻を

(3)この詩に込められた心情は、何か。次から選びなさい。〔　　〕 学習一

ア　月のように姿を変える人心への嘆き。
イ　切々と込み上げる妻への思慕の情。
ウ　荒れ果てた古都で感じた懐旧の念。
エ　子供を思いやる父親としての情。

八月十五日夜、禁中独直、対月憶元九

6 「八月十五日夜、禁中独直、対㆑月憶㆓元九㆒」詩について、次の問いに答えなさい。

(1)①「在㆓翰林㆒」（一八三・3）、②「不㆓同見㆒」（同・8）の主語をそれぞれ答えなさい。

①〔　　〕　②〔　　〕

(2)「二千里外故人心」（一八三・5）の意味として適当なものを選びなさい。〔　　〕 学習一

ア　二千里のかなたの君の友情を思う。
イ　二千里のかなたへ旅立つ友人の無事を祈る。
ウ　二千里のかなたの亡き友の心情を思う。
エ　二千里のかなたを駆ける君の友情に感謝する。

黄鶴楼送孟浩然之広陵

7 「黄鶴楼送㆓孟浩然之㆒㆑広陵㆒」詩について、次の問いに答えなさい。

(1)この詩に描かれている情景を説明した、次の文の空欄に当てはまる言葉を漢詩の中から抜き出しなさい。

作者の友人である〔　①　〕が、西の地にある〔　②　〕を離れて、〔　③　〕に行くのを作者が見送っている。

①〔　　〕　②〔　　〕　③〔　　〕

(2)この詩における作者の心情として適当なものを、次から選びなさい。〔　　〕

ア　去りゆく友を送ったあとの孤独感と寂しさ。
イ　旅立つ友の前途を心配し、励ます気持ち。
ウ　友の旅立ちを祝ってやろうとする心遣い。
エ　自分を残して去る友に対する落胆の気持ち。

送元二使安西

8 「送㆓元二使㆒㆑安西㆒」詩について、次の問いに答えなさい。

(1)「安西」（一八四・7）・「渭城」（同・8）・「陽関」（同・9）を長安から近い順に並べなさい。

長安―〔　　〕―〔　　〕―〔　　〕

(2)「勧㆑君更尽一杯酒」（一八四・9）とあるが、作者はどのような気持ちから「君」に酒を勧めたのか。次から選びなさい。〔　　〕

ア　君の苦悩をなぐさめてくれるものは、酒の他にはないから。
イ　都から遠く離れると、気安く酒を飲む相手はいないから。
ウ　異国の地では酒すらも、たやすくは手に入れられないから。
エ　別れの悲しみをいやしてくれるのは酒しかないから。

春望

9 「春望」詩について、次の問いに答えなさい。

(1)「家書」（一八五・4）が「万金に抵《あ》たる」のはなぜか。三十字以内で答えなさい。

〔　　〕

(2)「白頭掻更短」（一八五・5）には、作者のどのような心情が込められているか。次の空欄に当てはまる言葉を十字以内で書きなさい。 学習二

国や家族のために何もできずに〔　　〕。

学習目標　日本人のよんだ漢詩を読解し、人に対する作者の思いを捉える。

日本の漢詩

教科書 p.186〜p.187

検印

要点の整理　思考力・判断力・表現力

○次の空欄に適語を入れて、各詩の大意を整理しなさい。

読家書	桂林荘雑詠、示諸生	道情
家族からの〔　ア　〕が途絶えてから〔　イ　〕余りが過ぎた。都合よく都の方から大宰府《だざいふ》に向かって吹いてくる風が、一通の〔　ウ　〕を吹き届けてくれた。家の〔　エ　〕のところにあった木は人によって運び去られ、北側にあった〔　オ　〕には、他人を住まわせているとのことだった。生姜《しょうが》を包んだ紙には〔　カ　〕と書かれており、竹のかごには〔　キ　〕が入っていて、もの忌みのための備えと記されていた。妻子の貧しく寒々とした生活の〔　ク　〕については、何も書かれていなかった。そのために、かえって家族のことが〔　ケ　〕になり、そのことがわたしを悩ませている。	故郷を離れて他の土地に行くと、〔　ア　〕が多いなどと言うのはやめなさい。一枚の綿入れをともにするような〔　イ　〕がいて、彼らとは、〔　ウ　〕と互いに親しくなっていくというものなのだから。雑木の小枝で作られた、この「〔　エ　〕」の質素な〔　オ　〕を開けて出ると、〔　カ　〕が〔　キ　〕のように降りていた。あなたは〔　ク　〕くれないか。わたしは〔　ケ　〕ことにしよう。	わたしの〔　ア　〕分の〔　イ　〕をなげうってでも、〔　ウ　〕の愛情をほんの少しでいいから分けてもらいたい。〔　エ　〕のような君が住む家の〔　オ　〕には、人影は見えない。ただ君の弾く〔　カ　〕の美しい音色が聴こえてくるのみである。

○各詩について、①詩の形式、②押韻している字、③対句（「第何句と第何句」というように句数で記しなさい。対句のない場合は「なし」と記しなさい。）を整理しなさい。

読家書	桂林荘雑詠、示諸生	道情
①〔　　〕	①〔　　〕	①〔　　〕
②〔　　〕	②〔　　〕	②〔　　〕
③〔　　〕	③〔　　〕	③〔　　〕

内容の理解

思考力・判断力・表現力

読家書

1 「読家書」詩について、次の問いに答えなさい。

(1)「家書」（一八六・1）とは何か。十字以内で書きなさい。

(2)「一封書」（一八六・2）に書かれている内容にあてはまらないものを、次から選びなさい。▼学習一

ア　家族から来た手紙が三か月ぶりであること。
イ　西門に植えてあった木がよそに移植されたこと。
ウ　北側の庭に他人が住んでいること。
エ　生姜を薬として使うこと。

〔　　〕

(3)「為是」（一八六・5）とあるが、「是」とはどんなことをさしているか。三十字以内で書きなさい。

(4) この詩からわかる作者の家族に対する気持ちを次から選びなさい。▼学習一

ア　心配　イ　不信　ウ　失望　エ　祝福

〔　　〕

桂林荘雑詠、示諸生

2 「桂林荘雑詠、示諸生」詩について、次の問いに答えなさい。

(1) この詩は、誰に対しておくられた詩か。題名の中からおくられた相手を表す言葉を抜き出しなさい。▼学習二

〔　　〕

(2) この詩中の比喩表現では、何を何にたとえているか。抜き出しなさい。

〔　　〕を〔　　〕にたとえている。

桂林荘雑詠、示諸生

3 新傾向　この詩について、生徒A〜Dが感想を述べている。漢詩の内容に合う発言をしている者を、次から選びなさい。▼学習二

生徒A：この詩を読むと、同郷の友人どうしであるからこそ、故郷を離れ知らない土地で学ぶときに励まし合うことができることのありがたさがわかるね。

生徒B：この詩からは、見知らぬ土地での冬の朝の仕事のたいへんさが読み取れるね。そんなときにいっしょに暮らしている友人の思いやりを作者は感じているのだね。

生徒C：この詩には、故郷を捨てて帰るところのない者どうしが共同生活するうえでの心得が、朝ご飯の支度などという具体例をあげて書かれているね。

生徒D：この詩からは、故郷を離れた知らない土地で学ぶことは苦労も多いが、仲間とともに頑張っていってほしいという作者の願望が感じられるね。

生徒〔　　〕

道情

4 「道情」詩について、次の問いに答えなさい。

(1) 第一・二句は作者のどのような気持ちを表しているのか。十五字以内で書きなさい。▼脚問3

(2) 作者にとって、彼女が特別な存在であることがわかる、彼女に関係の深い表現を詩中から二つ抜き出しなさい。

〔　　〕〔　　〕

(3) 作者を表した言葉として最も適切なものを、次から選びなさい。

ア　楽観的　イ　短絡的
ウ　懐疑的　エ　情熱的

〔　　〕

学習目標　漢詩を和訳した詩をもとの詩と読み比べ、訳者の工夫を捉える。

活動　漢詩と訳詩との読み比べ

教科書p.180～p.185

検印

○次の詩は、孟浩然《もうこうねん》「春暁」（一八〇）、李白《りはく》「静夜思」（一八二）、杜甫《とほ》「春望」（一八五）を、土岐善麿《ときぜんまろ》と井伏鱒二《いぶせますじ》が日本語に訳したものである。これらを読んで、あとの問いに答えなさい。

Ⅰ　孟浩然「春暁」　　土岐善麿訳

春あけぼのの　うすねむり
まくらにかよう　鳥の声
風まじりなる　夜《よ》べの雨
花ちりけんか　庭もせに

（『鶯《うぐいす》の卵』）

Ⅱ　李白「静夜思」　　井伏鱒二訳

ネマノウチカラフト気ガツケバ
霜カトオモフイイ月アカリ
ノキバノ月ヲミルニツケ
ザイシヨノコトガ気ニカカル

（『厄除《やくよ》け詩集』）

Ⅲ　杜甫「春望」　　土岐善麿訳

国破れて　山河《やまかわ》はあり
春なれや　城辺《しろべ》のみどり
花みれば　涙しとどに
鳥きけば　こころおどろく
のろしの火　三月《みつき》たえせず
千重《ちえ》に恋《こい》し　ふるさとの書《ふみ》
しら髪《かみ》は　いよよ短く
かざしさえ　さしもかねつる

（『新訳杜甫詩選』）

語注

＊うすねむり…ぼんやりとした浅い眠り。「薄雲・薄明かり」などから連想される作者の造語。
＊かよう…行き来する。
＊夜べ…昨日の夜。回想する趣がある。
＊ノキバ…軒端。軒の先。
＊しとど…ひどく濡《ぬ》れる様子。
＊のろし…合図のために高くあげる煙。ここでは戦が続いていることを表している。
＊いよよ…「いよいよ」に同じ。ますます。
＊かざし…髪の毛に挿すもの。かんざし。

訳者紹介

土岐善麿…一八八五年（明治一八）～一九八〇年（昭和五五）。歌人、国文学者。歌集に『ＮＡＫＩＷＡＲＡＩ』などがある。
井伏鱒二…一八九八年（明治三一）～一九九三年（平成五）。小説家。広島県生まれ。主な作品に『山椒魚《さんしょううお》』『黒い雨』などがある。

内容の理解

思考力・判断力・表現力

1 Ⅰの詩の第一句「春あけぼのの」という表現は、ある古典作品の一節を連想させるが、その古典作品とは何か。次から選びなさい。

ア『伊勢物語』
イ『徒然草』
ウ『枕草子』
エ『奥の細道』

〔　　〕

2 Ⅰの詩の第四句「花ちりけんか」の意味を次から選びなさい。

ア 花は散ってしまったのであろうか。
イ 花は散ってしまうのだろうか。
ウ 花は散っているのだろうか。
エ 花は散ってしまうものだろうか。

〔　　〕

3 Ⅱの詩の第四句「ザイシヨ」を①漢字で書きなさい。また、②もとの漢詩ではどの言葉が対応するか、抜き出して答えなさい。（訓点不要）

①〔　　〕　②〔　　〕

4 Ⅲの詩の第三・四句では、もとの詩にあった言葉が一部訳されていないが、それはどこか。もとの漢詩の中から抜き出しなさい。（訓点不要）

第三句〔　　〕
第四句〔　　〕

5 Ⅲの詩の第六句「千重に恋し　ふるさとの書」の意味を次から選びなさい。

ア 家族への手紙を出していたころが懐かしい。
イ 家族への手紙に託して、自分の恋しい気持ちを書き送りたい。
ウ 家族からの手紙で、恋しく思う家族の気持ちがわかってうれしい。
エ 家族からの手紙が届くのが待ち遠しい。

〔　　〕

6 新傾向 次の会話文は、三つの漢詩と訳詩を比べて話し合いをしているものである。空欄①～④に入る適語を答えなさい。

教　師：漢詩とその訳詩を読み比べると、いろいろと違うところがあったね。どんなところが違っていたかな。

生徒A：Ⅰの詩では、結句の内容が少し違っていました。漢詩では散った花の量が全くわからない形で書かれていますが、土岐善麿の訳では「〔　①　〕」という、庭一面を表す言葉が使われています。

生徒B：Ⅲの詩では、第三・四句にあるべき内容が訳されていないことが特徴的だと思いました。

教　師：本来、漢詩を和訳するときには、訓読にしたがって漢詩の意味を損なわないようにするのが普通だけど、これらの和訳は、みんながあげたように普通とは違っているね。

生徒C：訳者の感性に基づいて作られているので、個性の表れた作品になっているのではないかと思います。たとえばⅡの詩では、〔　②　〕で表記されているのがおもしろいと思いました。

教　師：そうだね。〔　②　〕は、歴史的に口頭語で語られた言葉を表現する文字としてのはたらきがあるんだ。だから、口頭で言われたことを、耳にしたまま記したものであるという印象を与える効果があるんだよ。他に、音数にも注目したいね。ⅠやⅢの詩を声に出して読むとわかるけど、言葉の切れ目が〔　③　〕字とか〔　④　〕字で構成されていて、とてもリズム感があるよ。これなどは、漢詩が一句を決まった音数で作るのと同じことだね。

生徒D：なるほど。漢詩を訳すのはおもしろいですね。

①〔　　〕
②〔　　〕
③〔　　〕
④〔　　〕

学習目標　『論語』に記された言葉を通して、孔子のものの見方や考え方を理解する。

論語

教科書 p.192〜p.197

検印

要点の整理　思考力・判断力・表現力

○次の空欄に適語を入れて、内容を整理しなさい。

【学び】

・古典をそのまま受け入れて、学ぶ意欲が起こるたびに〔ア　　〕すると、それが自分のものとなるのは、なんと〔イ　　〕ばしいことではないか。〔ウ　　〕が遠くから来て、〔エ　　〕について語り合う。それはなんと楽しいことではないか。他人が自分の学問・能力を認めてくれなくても、心の中に〔オ　　〕を抱かない人は、なんと徳のある〔カ　　〕なのではないか。

・過去の事柄や〔キ　　〕を習熟するまで学んで、その中から新しい〔ク　　〕を見つけ、考え行動することのできる人は、人を教える〔ケ　　〕になることができる。

・学習しても〔コ　　〕しなければ、物事の道理がつかめない。〔サ　　〕するだけで知識がなければ、道理にはずれて危険である。〔シ　　〕と〔ス　　〕はどちらに片寄っても効果は期待できない。

・昔の学ぶ者は〔セ　　〕のために学問を学んだが、今の学ぶ者は〔ソ　　〕に知られるために学問をしている。

・学問とは、まだ十分でないという気持ちでのぞんでも、なお学問の目標を〔タ　　〕という恐れがあるものである。

・〔チ　　〕ことを知っているとし、〔ツ　　〕ことを知らないときちんと区別することが、〔テ　　〕ということである。

【仁】

・言葉を〔ア　　〕に飾ったり、うわべだけ愛想がよいだけでは、〔イ　　〕の徳はほとんどない。

・生涯をかけて行うべきことを一言でいうと、〔ウ　　〕を実践することである。それは、〔エ　　〕がされて嫌なことは〔オ　　〕にするなということだ。

語句・句法　知識・技能

1 次の語の読み(送り仮名を含む)と意味を調べなさい。

箇所	語	読み	意味
p.192 ℓ.2	①子	〔　〕	〔　〕
	②自り	〔　〕	〔　〕
ℓ.3	③君子	〔　〕	〔　〕
p.193 ℓ.3	④女	〔　〕	〔　〕
p.194 ℓ.2	⑤鮮なし	〔　〕	〔　〕
ℓ.5	⑥如し	〔　〕	〔　〕
	⑦能く	〔　〕	〔　〕
ℓ.7	⑧猶ほ	〔　〕	〔　〕
ℓ.8	⑨夫れ	〔　〕	〔　〕
p.196 ℓ.9	⑩已む	〔　〕	〔　〕
p.197 ℓ.1	⑪道く	〔　〕	〔　〕
ℓ.3	⑫譬ふ	〔　〕	〔　〕

・〔　カ　〕が言った。「もし民に広く施すことができて、多くの人を救うことができれば、それは〔　キ　〕と言えるのか。」

先生が言われた。「民に恩恵を施して救えるなら、それは〔　ク　〕というより〔　ケ　〕である。〔　コ　〕や〔　サ　〕でさえ、それができないのを悩みとしていた。そもそも仁の人は、自分が立身したいと思えば〔　シ　〕に先にそうさせ、自分が栄達したいと思えば、〔　ス　〕に先にそうさせる。自分より〔　セ　〕を立てるのが〔　ソ　〕に至る方法である。」

・人柄が、目上の者に対して良く仕え従順である人であれば、〔　タ　〕に逆らう人はほとんどいない。〔　チ　〕に逆らうことを好まないのに、世の乱れを起こすようなことをするものも、これまでいたためしがない。〔　ツ　〕は、根本のことに努力をする。根本が定まって初めて仁もはっきりする。「孝弟」こそが「〔　テ　〕」の根本であり、〔　ト　〕が務めなければならない基本道徳である。

【政治】

・政治の根本は、人を〔　ア　〕することである。指導者がまず正しい行いをすれば、他の者は〔　イ　〕をしなくなるだろう。

・政治の要点は〔　ウ　〕の充足・〔　エ　〕の充実・〔　オ　〕に信義の心を持たせることである。その中で、やむを得ず切り捨てるとしたらどれをまず先に捨てるかというと〔　カ　〕であり、その次捨てるものは〔　キ　〕である。なぜなら、昔から死というものは誰にでも訪れるものであるからだ。〔　ク　〕に信義がなければ政治が成り立たない。政治の根本になるのは〔　ケ　〕に信義の心を持たすことである。

・人民を導くのに〔　コ　〕を用い、統制するのに〔　サ　〕を用いると、人民は抜け道を考えて恥じない。しかし、人民を統制するのに〔　シ　〕を用い、統制するのに〔　ス　〕を用いれば、人民は恥じる心をもち正しい道に至る。政治の理想は〔　セ　〕と〔　ソ　〕によるもので、〔　タ　〕や〔　チ　〕によるものではない。

・政治は〔　ツ　〕でやらなくてはならない。そうすれば〔　テ　〕の周りに多くの〔　ト　〕が集まるように、人は為政者になびく。

2 次の文を書き下し文に改めなさい。

①如シ従レハバ軍ニ、不二ラン敢ヘテ期一レセ生ヲ。
〔　　　　〕

②忠臣之事二フルハ其ノ君一ニ、何如。
〔　　　　〕

③公勿レカレ責二ムル臣下一ヲ。
〔　　　　〕

④書ハ足三ル以ッテ記二スニ名姓一ヲ也已。
〔　　　　〕

⑤朝ニ三ニシテ而暮レニ四ニセバ、足ル乎。
〔　　　　〕

⑥人有二ラバ鶏犬ノ放一タルル、則チ知レル求レムルヲ之ヲ。
〔　　　　〕

⑦不レンバ入二ラ虎穴一ニ、不レ得二虎子一ヲ。
〔　　　　〕

内容の理解

思考力・判断力・表現力

1 「子曰、『学而時習レ之。…』」について、次の問いに答えなさい。

(1)「朋」（一九二・2）とは、ここではどのような友人を意味するのか。十字以内で答えなさい。

(2)「人不レ知」（一九二・3）の意味として適当なものを、次から選びなさい。

ア 世間の人が学問の方法を知らない
イ 世間の人にいくら教えてもその内容を理解しない
ウ 世間の人が私の学徳を認めてくれない
エ 世間の人にいくら尽くしても理解されない

〔　　〕

2 「子曰、『温レ故而知レ新、…』」について、この文章から生まれた四字熟語を書きなさい。

〔　　〕

3 「子曰、『学而不レ思、…』」について、次の問いに答えなさい。

(1)ここには人間の修養として大事なものが二つあげられている。それぞれ二字の漢字で答えなさい。

(2)「学」（一九三・6）と「思」（同）の関係として適当なものを、次から選びなさい。 ▼脚問3

ア 「学」は「思」よりも重要である。
イ 「学」も「思」も両方とも重要である。
ウ 「学」よりも「思」が重要である。
エ 「学」も「思」も両方とも重要ではない。

〔　　〕

4 「子曰、『古之学者…』」について「為レ己」（一九三・1）とはどういうことか。次から選びなさい。

ア 自分の面目のために学問をすること。
イ 自分の利益のために学問をすること。
ウ 自分の出世のために学問をすること。
エ 自分の修養のために学問をすること。

〔　　〕

5 「子曰『学如レ不レ及、…』」について、次の問いに答えなさい。

(1)「学如レ不レ及」（一九三・2）を説明した次の文章の空欄に適語を入れなさい。 ▼学習二

学問をするとき、自分はまだ〔①〕でなく未熟だという〔②〕を持って努力すること。

①〔　　〕 ②〔　　〕

(2)「失レ之」（一九三・2）の「之」は何をさすか。次から選びなさい。 ▼脚問4

ア 努力すること。　イ 学問の目標。
ウ 知識や教養。　エ 学問への意欲。

〔　　〕

6 新傾向 「子曰『由、誨女知…』」について、次の問いに答えなさい。

(1)孔子はどのような人になるなと戒めているのか。次から選びなさい。

ア 自分と他人の違いを知ろうとしない人。
イ 重要な知識をひとり占めにする人。
ウ 知らないのに知っているふりをする人。
エ 自分の欠点を知ろうとしない人。

〔　　〕

(2)この文章と同じような意味のことを、ギリシアのソクラテスはどのような言葉で言っているか。次の空欄を漢字で補って答えなさい。

〔　　〕の知

7 「子曰、『巧言令色、…』」について、「巧言令色」（一九四・2）の何が問題なのか。次から選びなさい。

ア 言葉を操り人をだましていて、誠実さに欠けるところ。
イ 人の顔色を見て発言を変えて、主体性がないところ。

ウ　うわべだけ取り繕っていて、真心に欠けるところ。
エ　自分を美化しようと気取って、人に嫌われるところ。　〔　　〕

8　**「子貢問曰、…」について、次の空欄に語を補いなさい。②・③は、本文中から抜き出しなさい。（返り点・送り仮名不要）**　▼脚問1　▼学習一

孔子の思想の核心は〔　①　〕であるが、それではあまりに総括的すぎるので、子貢が実践の目標としやすいように〔　②　〕をあげて示したのである。さらに、その具体的な内容として〔　③　〕と説明したのである。

①〔　　〕　②〔　　〕　③〔　　〕

9　**「子貢曰、『如有博施於民、…』」について、次の問いに答えなさい。**

(1)**「何事二於仁一。」（一九四・7）の意味として適当なものを、次から選びなさい。**

ア　仁を越えている。　イ　仁に及ばない。
ウ　仁をどうするか。　エ　仁とは何か。　〔　　〕

(2)**「病レ諸。」（一九四・7）の「諸」がさす部分を抜き出し、初めと終わりの三字で答えなさい。（訓点不要）**　▼脚問3

〔　　　〕～〔　　　〕

10　**「有子曰、…」について、次の問いに答えなさい。**

(1)**有子の言葉を二つに分け、後半の最初の三字を抜き出しなさい。（訓点不要）**

〔　　　〕

(2)**「道」（一九五・3）の意味として適当なものを、次から選びなさい。**

ア　立派な君子になるための道　イ　親孝行をするための道
ウ　人として生きるための道　エ　君主に仕えるための道　〔　　〕

11　**「季康子問二政於孔子一。…」について、孔子の主張として適当なものを、次から選びなさい。**

ア　為政者自身がまず正しい行いをしなければならない。
イ　為政者は正直な者だけを部下にしなければならない。
ウ　為政者は政治に不満を持つ者を処罰しなければならない。
エ　為政者は民に正しい道を説かなければならない。　〔　　〕

12　**「子貢問レ政。…」について、次の問いに答えなさい。**

(1)**①「之」（一九六・6）、②「斯二者」（同・9）はそれぞれ何をさすか。本文中の字を用いて書きなさい。**　▼脚問1　▼脚問2

①〔　　〕　②〔　　〕と〔　　〕

(2)**「自レ古皆有レ死。」（一九六・10）とはどういうことか。次から選びなさい。**

ア　古い政治を行っていた人はみな死んでいる。
イ　昔は飢えのために死んでしまう人が多かった。
ウ　昔の賢人はみな死を意識して生きていた。
エ　人間はどうしても死から逃れることはできない。　〔　　〕

13　**「子曰、『道レ之以レ政、…』」について、ここに出てくる四つの「之」はすべて同じものをさすが、それは何か。本文中の語で答えなさい。**　▼脚問3

〔　　〕

14　**「子曰、『為レ政以レ徳。…』」について、次の問いに答えなさい。**

(1)**①「北辰」（一九七・3）、②「衆星」（同）は、それぞれ何をさすか。**

①〔　　〕　②〔　　〕

(2)**「衆星共レ之」（一九七・3）の「之」は何をさすか。本文中から抜き出しなさい。**　▼脚問5

〔　　〕

学習目標 桃花源の世界を描いた作者の意図を理解する。

桃花源記

教科書p.200～p.202

検印

展開の把握

思考力・判断力・表現力

○次の空欄に適語を入れて、内容を整理しなさい。

段落	内容	
第一段落（初め～p.200 ℓ.5）	漁人が桃花源の村に至る過程	あるとき、〔　ア　〕の漁人が渓流に沿って船を進めるうちに、両岸に〔　イ　〕の木ばかりが生えている所に行き着いた。山に小さな入り口があり、漁人は船を降り、その入り口から入っていった。
第二段落（p.200 ℓ.6～p.201 ℓ.1）	桃花源の村の様子	洞穴を抜けると、そこには村があった。土地は平らで広く、立派な家や〔　ウ　〕や池、桑や〔　エ　〕もある。のどかな村で農作業をしている人々の衣服は、異国の人のようだった。老人や〔　オ　〕たちは、みな楽しそうに過ごしている。
第三段落（p.201 ℓ.2～p.202 ℓ.1）	村人の漁人への歓待	村人たちは〔　カ　〕を見て大変驚いたが、丁重なもてなしをした。自分たちの先祖は〔　キ　〕の時代にここへ逃げのびてきたと語り、今の世の中の状況を漁人に質問した。漁人は数日間、もてなしを受けたあと、村を辞去した。
第四段落（p.202 ℓ.2～p.202 ℓ.4）	桃花源の話を聞いた太守	漁人は洞穴から出ると、あちこちに〔　ク　〕をつけて帰り、郡の〔　ケ　〕に村のことを報告した。〔　コ　〕は人を派遣して村を探させたが、見つけることはできなかった。
第五段落（p.202 ℓ.5～終わり）	桃花源の話を聞いた劉子驥	南陽の〔　サ　〕は村の話を聞いて、村に行くことを計画したが、果たせないうちに病死した。その後はもう、村を探そうとする者さえいなくなってしまった。

語句・句法

知識・技能

1 次の語の読み（送り仮名を含む）と意味を調べなさい。

p.200 ℓ.2 ①忽ち〔　　〕〔　　〕

ℓ.3 ②甚だ〔　　〕〔　　〕

ℓ.4 ③便ち〔　　〕〔　　〕

p.201 ℓ.2 ④乃ち〔　　〕〔　　〕

p.202 ℓ.1 ⑤道ふ〔　　〕〔　　〕

ℓ.5 ⑥規る〔　　〕〔　　〕

2 次の文を書き下し文に改めなさい。

①上善ハ若シレ水ノ。〔　　〕

②纔《わづ》カニ可キ二以テ行ク一耳。〔　　〕

③黄鶴一タビ去ッテ不二復タ返ラ一。〔　　〕

④匈奴乃チ遣ム二武ヲシテ還ラ一。〔　　〕

内容の理解

思考力・判断力・表現力

第一段落

1 「異レ之」(三〇〇・3)の「之」はどのようなことをさしているか。本文中から三字で抜き出しなさい。(訓点不要)

第二段落

2 「土地平曠」(三〇〇・6)以下の村の描写として適当でないものを、次から選びなさい。 ▼学習一

ア 騒がしいほどにぎやかで、交通量の多い村。
イ よく手入れされている広々として豊かな農村。
ウ 老人や子供までものどかに暮らしている村。
エ 見慣れない服装をした人たちが働いている村。
〔　　〕

第三段落

3 「問レ所二従来一。」(三〇一・2)とは、どういうことか。次から選びなさい。

ア やってきた理由を尋ねた。　イ 誰に従っているか尋ねた。
ウ 通ってきた道筋を尋ねた。　エ どこへ行くのか尋ねた。〔　　〕

4 ①「具答レ之」(三〇一・2)、②「自云、」(同・4)、③「問、」(同・5)の主語をそれぞれ答えなさい。

①〔　　〕②〔　　〕③〔　　〕

5 「今是何世。」(三〇一・5)に対する答えにあたる語を、本文中から抜き出しなさい。

〔　　〕

6 村人は何に対して「歎惋」(三〇一・7)したのか。次から選びなさい。

ア 国の盛衰興亡の激しさや、目まぐるしい世の移り変わり。
イ 質問に対して一所懸命に説明しようとする漁人の誠実さ。
ウ 長い間、世間の人たちに知られていなかった村落の存在。
エ この村ほど平和で安全な場所はないという事実。〔　　〕

7 「不レ足下為二外人一道上也。」(三〇二・1)について、次の問いに答えなさい。

(1)「外人」とはここではどのような意味か。次から選びなさい。

ア 好戦的な外国人。　イ 桃花源以外の人。
ウ 妻子邑人以外の人。　エ 桃花源の隣り村の人。〔　　〕

(2)村人がこのように言った真の理由として適当なものを、次から選びなさい。

ア 俗世で苦しんでいる人たちに救いの手をさしのべたかったから。
イ 自分たちの貧相な生活が世間に知れるのが恥ずかしかったから。
ウ 俗物が侵入して、自分たちの平和が乱されることを恐れたから。
エ 盗賊が侵入して、村の財産を奪われることを恐れたから。
〔　　〕

第四段落

8 「処処誌レ之」(三〇二・2)とあるが、漁人は何のためにこのようなことをしたのか。二十五字以内の現代語で書きなさい。

第五段落

9 現世が、理想社会や真実世界を追求する人物の存在し得ない、嘆くべき状況にあることを示した一文を、本文中から抜き出しなさい。(返り点・送り仮名不要)

〔　　〕

全体

10 新傾向 陶潜が描こうとした世界についての次の生徒の意見から、内容に合っているものを選びなさい。

生徒A：桃花源の村は、汚れた俗世から隔絶した理想郷なんだね。
生徒B：桃花源の村は独裁者の権力が及ばない安全な世界だと思うよ。
生徒C：この文章から時代の流れから取り残された辺境の生活がわかるね。
生徒D：この文章では乱世の中で貧苦の生活を強いられている市井を描いているね。

生徒〔　　〕

学習目標　倩娘の身に起こった不思議な出来事を、倩娘と王宙の互いを思う心情とともに理解する。

離魂記

教科書p.203〜p.206

検印

展開の把握　思考力・判断力・表現力

○次の空欄に適語を入れて、内容を整理しなさい。

段落	要旨	内容
第一段落（初め〜p.203 ℓ.4）	幼年期の倩娘と王宙	（ア）は、自分の娘の（イ）を（ウ）と将来（エ）させようと考えていた。
第二段落（p.203 ℓ.5〜p.203 ℓ.8）	思いを寄せ合う倩娘と王宙	成長して思いを寄せ合う王宙と倩娘だが、倩娘に別の男との（オ）が成立し、王宙は（カ）を口実にして倩娘と（キ）し、都へと旅立った。
第三段落（p.204 ℓ.1〜p.204 ℓ.10）	王宙のもとへ行く倩娘	（ク）は（ケ）のあとを追いかけて再会し、二人はともに（コ）の地へと逃亡した。
第四段落（p.204 ℓ.11〜p.205 ℓ.3）	両親への不義理を嘆く倩娘	夫婦となった二人は、五年後、（サ）への（シ）を果たすために帰郷した。
第五段落（p.205 ℓ.4〜p.205 ℓ.9）	帰郷・二人の倩娘の合体	帰郷した（ス）と、故郷で病臥していた（セ）とが（ソ）する。
第六段落（p.205 ℓ.10〜p.206 ℓ.1）	後日談	四十年後には夫婦は死んだが、二人の息子は官吏登用試験に合格して、ともに（タ）になった。
第七段落（p.206 ℓ.2〜終わり）	話を記した経緯	以上の話は、作者の（チ）が、（ツ）の甥に当たる（テ）から詳しく聞いて書き記したものである。

語句・句法　知識・技能

1 次の語の読み（送り仮名を含む）と意味を調べなさい。

① 毎に（p.203 ℓ.4）
② 私かに（p.203 ℓ.5）
③ 乃ち（p.204 ℓ.4）
④ 首めに（p.205 ℓ.4）
⑤ 与に（p.205 ℓ.9）
⑥ 備さに（p.206 ℓ.3）

2 次の文を書き下し文に改めなさい。

① 当ニシレ惜シム二寸陰ヲ一。
② 無カレレ友トスル二不ルレ如カ己ニ者ヲ一。
③ 是レ何ゾ楚人ノ多キ也。
④ 天帝使ム三我ヲシテ長タラ二百獣ニ一。

内容の理解

思考力・判断力・表現力

第一段落

1 王宙と倩娘は、幼年期それぞれどのような子だったか。王宙は六字、倩娘は四字で本文中から抜き出しなさい。（訓点不要）

王宙 ［　　］

倩娘 ［　　］

2 「当下以二倩娘一妻上レ之。」（三〇三・4）の「之」は、何をさしているのか。本文中から抜き出しなさい。

〔　　〕

第二段落

3 「莫レ知二其状一。」（三〇三・6）の「其状」の内容を本文中から十二字で抜き出しなさい。（返り点・送り仮名不要）

［　　］

4 「求レ之」（三〇三・6）の「之」は、何をさしているのか。次から選びなさい。 脚問1

ア　張鎰　　イ　倩娘

ウ　王宙　　エ　賓寮之選者

〔　　〕

5 倩娘と別の男との婚約が成立したことを知った王宙・倩娘それぞれの気持ちを、本文中から一語（二字）で抜き出しなさい。（訓点不要）

王宙 ［　　］

倩娘 ［　　］

6 「止レ之不レ可、遂厚遣レ之。」（三〇三・8）について、次の問いに答えなさい。 脚問2

(1) 二つの「之」は、誰をさしているのか。本文中から抜き出しなさい。

〔　　〕

〔　　〕

第二段落

(2) この一文から推測できる事柄として適当なものを、次から選びなさい。

ア　張鎰は、娘と王宙が恋仲にあったことに気づかぬままだった。

イ　張鎰は、王宙に無断で娘の結婚を許したことを後悔した。

ウ　倩娘は、王宙が自分を愛していることに気づかずにいた。

エ　倩娘は、父親が王宙との結婚に反対していると思っていた。

〔　　〕

第三段落

7 「今将レ奪二我此志一」（三〇四・7）とは、具体的にどういう事態を意味しているか。次から選びなさい。 脚問3

ア　両親が倩娘を王宙以外の男と結婚させようとしている事態。

イ　王宙が倩娘との婚約を破棄して決別しようとしている事態。

ウ　倩娘が他の男との結婚を拒み王宙に従おうとしている事態。

エ　両親が倩娘と王宙を結婚させようとしている事態。

〔　　〕

8 「将二殺レ身奉報一」（三〇四・8）の「殺レ身」とは、物語の展開上、どういうことを暗示しているか。次の文の空欄に、それぞれ適当な漢字一字を補って答えなさい。

倩娘の〔　①　〕から〔　②　〕が抜け出して王宙に会いに来たということ。

① ［　　］

② ［　　］

9 「非二意所レ望」（三〇四・9）は予想外のことだったという意味であるが、王宙はこのときどのように思っていたのか。次から選びなさい。 脚問4

ア　倩娘は自分のことを嫌いになった。

イ　倩娘とはいっしょになれない。

ウ　倩娘が追いかけて来てくれる。

エ　倩娘ときっと将来は結婚できる。

〔　　〕

第四段落

10 「絶レ信。」（二〇四・11）の「信」と同じ意味を持つ熟語を次から二つ選びなさい。

ア 音信　イ 信用　ウ 自信
エ 信頼　オ 通信　カ 確信　〔　　〕〔　　〕

11 「不レ能相負、棄大義而来奔君。」（二〇五・1）について、次の問いに答えなさい。

(1) 「不レ能相負」とは、どういう意味か。次から選びなさい。　▼脚問5

ア 王宙の自分への恋心を無視することができなかった。
イ 両親の自分への愛情を裏切ることができなかった。
ウ 世間の人々からの非難に抗することができなかった。
エ 両親が選んだ者の結婚の申し入れを断ることができなかった。　〔　　〕

(2) 「棄大義」という言葉は、五年前にはどのような言葉で語られていたか。本文中から一語で抜き出しなさい。（訓点不要）

〔　　　　〕

第五段落

12 「謝其事。」（二〇五・4）について、ここでの意味に合う「謝」の字を含む熟語（二字）を書きなさい。

13 「何其詭説也。」（二〇五・5）とあるが、これはどのような意味か。次から選びなさい。

ア なぜそのようなでたらめが言えるのか。いや言えはしない。
イ 何がそのようなでたらめを言わせているのか。
ウ よくもそんなでたらめを言えるものだな。
エ そのようなでたらめの原因は何なのだろう。　〔　　〕

第五段落

14 新傾向 「家人異レ之」（二〇五・7）について、「家人」が不思議に思った理由について図式化した次の空欄に、本文中の適語を補いなさい。

倩娘在
〔 ① 〕（張鎰の言）
↕ 矛盾
〔 ② 〕（王宙の言）
→ 異

①〔　　　　〕
②〔　　　　〕

第六段落

15 「事不正」（二〇五・10）とは、どのようなことか。次から選びなさい。

ア 純粋ではないこと。　イ よくないこと。
ウ 異常なこと。　エ 罪であること。　〔　　〕

第七段落

16 「玄祐少……故記レ之。」（二〇六・2〜4）に述べられている、この話の執筆事情の説明には、作者のどのような意図が込められているか。次から選びなさい。　▼活動一

ア 奇談というものは後世の人が作った虚構だと認識させる。
イ 男女の愛の力がいかに偉大なものかを感じさせる。
ウ この奇談がいかにも真実であったかのように思わせる。
エ 男女の愛はすぐには理解できないことを強調させる。　〔　　〕

全体

17 倩娘の身に起きた「事不正」（二〇五・10）の内容について、次の空欄に合う形で、①は十五字以内、②は二十字以内で書きなさい。ただし、②には「魂」の語を用いること。　▼学習二

〔 ① 〕ために、〔 ② 〕こと。

①

②

学習目標　「離魂」を題材とする二つの怪異譚を読み比べ、両者の共通点と相違点を把握する。

活動　「離魂記」と「龐阿」との読み比べ

教科書p.203〜p.206

検印

○次の「龐阿《ほうあ》」という話を読んで、あとの問いに答えなさい。

鉅鹿《きょろく》の容姿端麗な龐阿という者に石氏の娘が一目惚《ひとめぼ》れした。龐阿の妻は激しく嫉妬し、彼の様子をうかがっていると、その娘が自分の家の中にいるのに出くわした。そこで彼女を捕まえ縛って、石氏のもとに連れて行った。

石氏《ノ》父見《テ》レ之《これヲ》、①*愕《がく》眙《ちシテ》曰《いハク》、「我②適《まさニ》従《リ》レ内来《きたリ》、見《ル》二女《むすめノ》与《と》レ母共《ニ》作《なスヲ》一。何《ゾ》得《ント》レ在《ルヲ》レ此《ここニ》。」③即《チ》④令《しムレバ》二*婢《ひ》僕《ぼくヲシテ》於《おイテ》レ内《ニ》喚《よビテ》レ女《ヲ》出《ダサ》一、向《さきニ》⑤所《ノ》レ縛《ル》者*奄《えん》然《ぜんトシテ》滅《ス》焉。父疑《ヒ》レ有《ランコトヲ》二異*一、故《ニ》遣《しムレバ》二其《その》母《ヲシテ》⑥詰《なじラ》一レ之《ヲ》、女曰《ハク》、「昔年龐阿来《リ》二庁*中《ニ》一、曾《かつテ》⑦窃《カニ》⑧視《みル》レ之《ヲ》。⑨自《より》レ爾《そレ》⑩*彷《はう》彿《ふつトシ》、即《チ》夢《ニ》詣《いたル》レ阿《ニ》。及《ビ》レ入《いルニ》レ戸《ヲ》、即《チ》為《なルト》二妻《ノ》所《ト》一レ縛《ル》。」石曰《ハク》、「天下⑪遂《ニ》有《リト》二如《ごとキ》レ此《かくノ》*⑫奇事一。」

（母親といっしょに働いているのを見た。／わたしはたったいま奥座敷から来たのだが、／災いが起きるのではないかと思い／ずっと以前／世の中）

（幽明録）

語注

*愕眙…驚き目を見張る。　*婢僕…下女と下男。　*奄然…突然。　*異…災い。

*庁中…石氏の家。　*彷彿…ぼんやりとする。　*奇事…不思議なこと。

大意　思考力・判断力・表現力

○次の空欄に適語を入れて、内容を整理しなさい。

石氏（父）は龐阿の妻に連れてこられた自分の娘とそっくりな者を見て、驚き目を見張り、「わたしはたったいま奥座敷で〔ア　　〕が母親といっしょに働いているのを見た。〔イ　　〕にいるはずがない。」と言った。そしてすぐ〔ウ　　〕に奥座敷に行って娘を呼んで来させると、先ほどの〔エ　　〕は、突然消えてしまった。父は災いが起こるのではないかと思い、母親に問い詰めさせたところ、娘は「ずっと以前に、〔オ　　〕さまが我が家においでになったとき、こっそり見てしまいました。それ以来ぼんやりとして、夢を見るようになりました。彼の家の入り口を通ったところで、奥さまに縛られてしまったのです。」と言った。石氏は、「世の中にはこのような〔カ　　〕があるのか。」と言った。

出典紹介

幽明録…劉義慶《りゅうぎけい》撰。幽霊・神仙・妖怪などについて不思議な話を集めたもの。

語句・句法

知識・技能

1 傍線部②「従り」、③「即ち」、⑦「窃かに」、⑪「遂に」について、読み（送り仮名を含む）と意味をそれぞれ調べなさい。

②読み〔　　　　〕意味〔　　　　　　　　〕

③読み〔　　　　〕意味〔　　　　　　　　〕

⑦読み〔　　　　〕意味〔　　　　　　　　〕

⑪読み〔　　　　〕意味〔　　　　　　　　〕

2 傍線部④「令㆓婢僕於㆑内喚㆑女出㆒」を書き下し文にしなさい。

〔　　　　　　　　　　　　　　　　　　　　〕

内容の理解

思考力・判断力・表現力

1 傍線部①「愕眙」とあるが、なぜ石氏の父は驚いたのか。その理由を次から選びなさい。

ア　奥座敷でたった今見て来た娘とそっくりな女性が、龐阿の妻によって縛られて連れてこられたから。

イ　奥座敷で妻と働いていた娘が龐阿のところにずっと通っていたことがわかったから。

ウ　奥座敷でたった今見て来た娘は、偽物の娘だと龐阿の妻に指摘されたから。

エ　奥座敷で妻と働いていた娘など、本当はいないことが龐阿の妻の指摘によってわかったから。

〔　　〕

2 傍線部⑤「所㆑縛者」とは何のことか。次から選びなさい。

ア　石氏の娘の肉体

イ　石氏の娘の魂

ウ　龐阿

エ　龐阿の妻

〔　　〕

3 傍線部⑥「詰㆑之」、⑧「視㆑之」の「之」はそれぞれ誰のことか。次から選びなさい。

ア　石氏

イ　石氏の妻

ウ　石氏の娘

エ　龐阿

オ　龐阿の妻

⑥〔　　〕⑧〔　　〕

4 傍線部⑨「自㆑爾」とあるが、「爾」とはどんなことをさしているか。主語をはっきりさせて、二十五字以内で答えなさい。

5 傍線部⑩「彷彿、即夢詣㆑阿。」について、次の問いに答えなさい。

(1)「即夢詣㆑阿」とはどのようになったということか。「こと。」に続く形で、二十字以内で書きなさい。

こと。

(2)石氏の娘がこのようになったのは、なぜか。十五字以内で説明しなさい。